胡燕 冯连勇 李锐 齐超 著

ENERGY RETURN ON INVESTMENT

EROI

能源回报
理论与方法

社会科学文献出版社
SOCIAL SCIENCES ACADEMIC PRESS (CHINA)

本书得到国家自然基金委项目（编号：71373285/71303258）和国家社科基金重大项目（编号：11&ZD164/13&ZD159）支持。

前　言

　　煤炭、石油和天然气都是由数百万年甚至是数亿年前的生物遗体经过复杂的物理化学过程转化而成的。众所周知，这些丰富的不可再生资源在社会经济发展中起着基础作用，但正是其自身体现出的"有限性"以及在人类发展中体现出的"生命周期性"，使得它们的短缺必然是全人类面临的重大问题。关于能源问题及其解决方案的研究角度有很多，比如能源峰值的角度、气候变化的角度、生态环境的角度等。近些年，能源回报（Energy Return on Investment，EROI）作为一种新的角度也出现在研究领域和公众视野中。EROI是指在某一能源生产过程中能源产出与相同边界下由于生产造成的能源消耗量的比值。随着开采难度的增加，能源生产过程中的能源消耗量也不断增长，真正为经济社会使用的能源量应当是能源产出量减去为产出而消耗的能源量，即净能源量。

　　有很多人认为，全球化石能源的已知量很丰富，并且受到技术进步、投资增加以及价格上涨等因素的影响，供应量会继续增加，未来完全能够满足全球的需求，短缺仅存在于局部地区或者受短期的非正常因素影响，如战争爆发、极端天气产生、运输通道受阻等。但进入21世纪后，常规化石能源产量状况使得我们不得不思考未来的供应问题，我们应当转变传统的观念，认识到以石油为代表的化石能源峰值即将到来，世界将在相当长的时期内处于供应的自然短缺状态，直到新能源能够大规模替代现有能源为止。此外，碳排放成为目前国际社会最为关注和重要的话题之一，也是未来制约非常规油气开发的重要因素之一，传统以物理产出量为关注重点并以追求经济效益最大化为评价目标而忽略碳排放等环境问题的油气评价方法难以满足新形势及背景下的非常规油气开发需求。与之伴随的问题还有经济发展，在拥有大量廉价能源的时代，以货币为衡量单位，以追求经济效益最大化为目标的经济发展理论无可厚非，但进入化石能源短缺的时代后，经济发展应高度重视能源的基础作用。几乎所有产品的生产均与能源有关，这里面也包括能源自身的生产，如勘探、开发、生产、运输，它同样需要能源的投入。随着能源生产设备先进程度的提高，与之相关的能源消耗也会逐渐增长，可以说剥离能源消耗而单纯追求能源产量升高的评价方法是片面的。

探寻一种能够显现能源生产本质价值的、反映碳排放等环境约束的、测度对经济社会影响的评价方法尤为重要和必要。EROI从一种新的角度告诉我们能源的基础性作用，告诉我们能源回报量、净能源的贡献量、生态环境约束的影响。完整地计算EROI值的方法不仅包含了能源生产所需要的必要投入，比如直接投入和间接投入，还囊括了劳动力投入、环境治理的投入等所有投入。EROI值能够综合反映净能源供应、技术进步、气候变化等情况。例如，非常规油气勘探开发过程中的碳排放作为一种负产出间接影响EROI值，也就是说为了防止或减少该过程中的碳排放，额外采取相关技术或措施而引起的投入增加和产出变化，也会影响EROI值的计算结果。近十年来，EROI方法在国外得到了快速发展并应用于各种能源生产的评价中,结果显示:常规化石能源 EROI 值基本高于非常规化石能源,常规化石能源 EROI 值总体呈下降趋势,新能源 EROI 值大部分处于 1∶1 左右。但是,截至目前,EROI 值的计算还未形成标准的、统一的体系,计算结果也多种多样、难以比较。虽然我国研究者有过计算,但并没有交代清楚计算边界、数据选取、计算方式等内容,尤其是有关我国能源生产的 EROI 值分析计算基本属于空白。因此,本书作者介绍了 EROI 的理论体系、计算方法,并以不同能源对象为例详细说明了计算过程,最后提出关于 EROI 未来的研究方向,目的是希望有兴趣的读者能够对 EROI 有所认识、有所研究、有所发展!本书尽可能将参考的文献都标注出来,但也难免有疏漏之处和不当之处,敬请谅解。

目 录

第一章　绪论 ································· 001
　第一节　什么是能源回报 ······················· 001
　第二节　能源回报的研究情况 ···················· 015

第二章　能源回报与净能源 ························ 023
　第一节　净能源 ······························· 023
　第二节　能源回报与净能源 ······················ 028

第三章　能源回报与化石能源峰值 ················· 031
　第一节　化石能源峰值 ·························· 031
　第二节　化石能源峰值在我国的不同观点 ·········· 041
　第三节　能源回报与化石能源峰值 ················ 052

第四章　能源回报的测算方法 ····················· 062
　第一节　计算边界 ······························ 062
　第二节　计算公式与计算方法 ···················· 066
　第三节　关键要素 ······························ 068
　第四节　建立标准 ······························ 076

第五章　能源回报在我国能源领域的应用 …………………… 080
第一节　大庆油田的能源回报 ……………………………… 080
第二节　生物柴油的能源回报 ……………………………… 095
第三节　化石能源的能源回报 ……………………………… 103

第六章　我国化石能源能源回报对经济增长的影响 ………… 122
第一节　理论基础 …………………………………………… 122
第二节　化石能源供应净量的预测 ………………………… 127
第三节　化石能源供应净量对经济增长潜力的预测 ……… 131

第七章　能源回报的未来研究方向 …………………………… 141

第八章　生物物理经济学初探 ………………………………… 151
第一节　经济学流派与能源作用 …………………………… 151
第二节　新古典主义经济学的主要问题 …………………… 155
第三节　生物物理经济学理论初探 ………………………… 164

第一章 绪论

第一节 什么是能源回报

一 起源与定义

1955年,Cottrell[1]提出"能源净产量"的概念,也被称为"能源盈余",即能源产出与能源投入之差,他认为这才是人类社会发展所能真正利用的能源。可以说,能源总产量的一部分需要通过经济系统返回能源生产过程中,其余部分才能真正进入如工业、农业、服务业等行业的消耗中。后来,此理论与生态学中的最适捕食理论和单位付出收获量的概念相结合就形成了EROI的基本雏形。1973年,美国生态学家Odum[2]首次涉及净能源的概念。1974年,这个概念得到美国《联邦非核能源研究和发展法案》的认可和引用,随之引发了研究热潮。1975年,Gilliland[3]在 Science 上发表文章,分析了EROI方法的优越性并认为它是净能源评价中最适合的方法之一。1984年,Cleveland等[4]同样在 Science 上发表文章,阐述了EROI方法对社会发展和经济增长研究的重要意义,正式提出了EROI(Energy Return on Investment)的概念,即"能源回报"。然而,受到国际石油市场和价格处于较稳定状态以及相关市场繁荣发展的影响，EROI 方法在随后的 20 年内并没有得到应有的重视。近年来，随着金融危机的爆发、国际石油市场环境的不断变化、石油价格的较大波动，净能源以及 EROI 方法又重新得到西方学术界以及政府的关注。

"总量"和"净量"并不是 EROI 所特有的，一些指标如收入和利润就是从总量和净量角度的描述，往往利润指标更具决策意义，但是能源领域"净量"的研究并不多见。相对于国内来说，EROI 和净能源领域研究已在国外得到不断发展。目前，搜索 2000 年以后的国外学术期刊文章，以 EROI 和 Net Energy 为关键词的文章已经多达 16 万篇[5]。其中，多数 EROI 方法都是伴随着净能源分析出现的，已被广泛用于石油、天然气等领域的研究中，同时也应用于生物燃料、核能、乙醇、木材燃料和其他替代能源的能效评价中。在这些文章中，研究者根据不同的研究内容和目标不断改变对 EROI 的表述，如 Energy Return on Investment、Energy Return on Energy Investment、Energy Return on Water Investment 等。

本书综合上述定义形式将 EROI 归纳简述为能源生产过程中能源产出和能源投入（或消耗）的比值，英文全称为 Energy Return on Investment。某边界下能源生产的 EROI 值越高，表明为经济活动所创造的"功"就越多。目前，我国对 EROI 的研究也渐渐出现，在期刊报纸中将其翻译成"能源投资回报率"，本书认为译成"能源投入回报值"或"能源回报"更能反映出 EROI 的本质，即从能源角度出发，而非财务角度，是比值，而非百分率。

二 示意图

能源回报研究的整个边界是能源资源的生产至使用过程，既可以是静态的时点分析，也可以是动态的整个时间段上的分析。据此下述两种分析示意图，以便更好地理解 EROI 值的计算过程。

（一）静态示意图

如图 1-1 所示，E_{gross} 为石油探明储量；$E_{purchased}$ 为直接能源投入和间接能源投入总和，其中直接能源投入是指以能源形式表现的投入（如石油、风力、电力等），间接能源投入包括资本支出、原材料等货币或非能源的实物形式的投入；E_{self} 为能源生产中的自消耗；E_{net} 为净能源量。

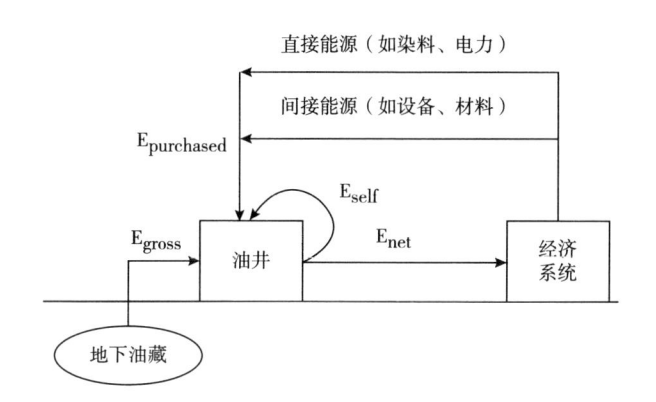

图 1-1 生产实践中的 EROI

资料来源：The Encyclopedia of Earth，http：//www.eoearth.org/article/Energy_return_on_investment_（EROI）。

图 1-2 表示用 Odum 能量系统语言描述的 EROI。方框为系统边界；圆圈代表流入系统的外部驱动力，如太阳能；边界内的方框表示生产者，也就是界定的能源生产的某一过程；水滴状表示能源储存库，能源产出全部储存到这里；在整个边界范围内也会伴随热耗失。

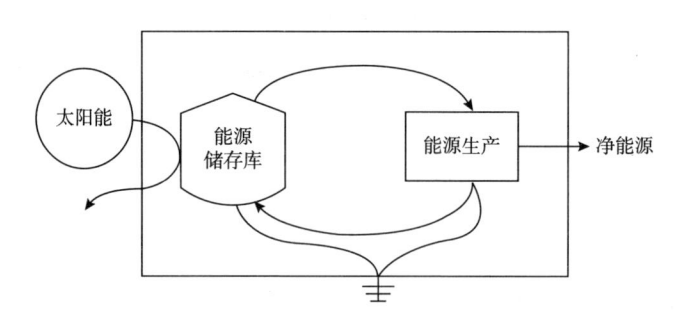

图 1-2　用 Odum 能量系统语言描述的 EROI

（二）动态示意图

在进行 EROI 测算之前需确定项目起点与终点，其中整个时间段又可分为不同阶段，如建设阶段、实施阶段、退出阶段（见图 1-3）。整个时间轴上方表示能源的产出量，分为两部分：自我利用的能源量和用于经济社会的能源量；时间轴下方表示能源投入量或能源成本。

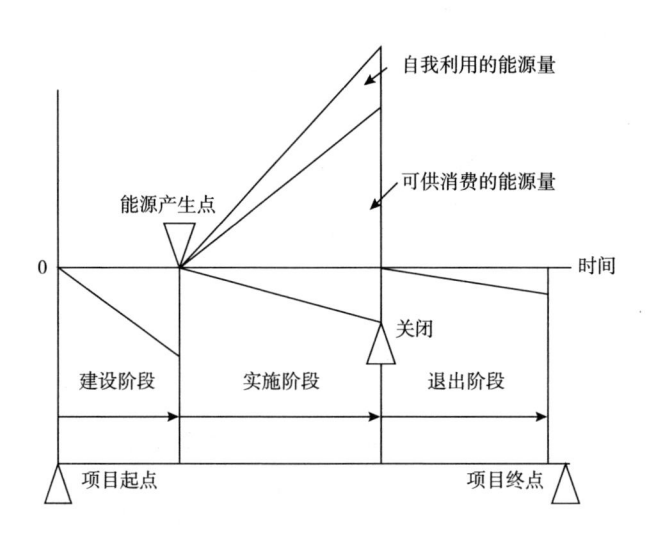

图 1-3　整个项目过程中的 EROI

资料来源：The Encyclopedia of Earth, http：//www.eoearth.org/article/Energy_ return_ on_ investment_ （EROI）_ for_ wind_ energy。

三 优势与作用

(一) 比较能源生产价值的大小

EROI 作为一种新的衡量指标,可应用在不同能源技术的比选上。EROI 值的表示形式为 X∶1,其中 1 表示投入量,X 代表不同能源生产过程的产出量。例如,石油生产汽油的 EROI 值为 10∶1～20∶1,玉米生产乙醇的 EROI 值低于 2∶1[5-8]。EROI 值可以明确表示出,在投入相等的情况下,前者的产出是后者的 5 倍,因此后者的生产价值远远不如前者的生产价值。

(二) 评价能源质量的变动情况

能源质量是衡量单位热当量的能源转变为产品或服务的能力[9]。在条件相同的情况下,EROI 值越高,说明用于生产该种能源所需的能源量越少,为经济所提供的产出就越多。例如,加拿大油砂的原油探明储量约为 1700 亿桶,但其原油开采的 EROI 值仅约为 3∶1[10],因此最终能为经济活动所利用的净能源仅为 1700 亿桶的 3/4。

(三) 说明能源耗竭与技术进步之间的关系

一直以来,很多反对石油峰值的专家学者认为技术进步可以解决未来的能源问题[11,12]。但是,历年来 EROI 值下降的趋势揭示了技术进步并不能阻止能源的耗竭。虽然技术的发展往往能够促使生产成本下降,但近年来全球油气 EROI 值却仍处于下降趋势中，这说明能源产出的速度并没有赶超技术进步的速度，或者说能源耗竭的速度远大于技术进步的速度。

（四）提供了一个比较不同新能源生产技术的综合指标

EROI 从多方位多角度为决策者、政策制定者提供了一个较为综合的指标。以往的研究中有的关注了产量、成本、质量，有的从经济角度进行评价，有的从能源流角度进行分析[6]，更有从温室气体排放的角度进行研究。尤其是目前，温室气体排放的大小更是大部分研究者普遍采用的指标[13]。EROI 将上述分析角度进行结合，利用统一的计算单位更加全面地衡量了新能源生产技术。

四　与类似指标比较

（一）EROI 的类似指标

目前，我国有几类能源效率指标[14]，如能源强度、单位产品能耗等。这些指标的计算方法都是投入与产出的比值，只是分子与分母所考虑的角度不同。

1. 能源强度

能源强度定义为单位 GDP 能耗，即生产一单位的 GDP 所消耗的能源，该指标一般以吨标准煤/万元作为计量单位。计算公式表示为：

$$能源强度 = \frac{能源消耗总量}{GDP}$$

式中，GDP 以货币单位进行计量，能源消耗总量通过热值法和发电煤耗法计算。其中，热值法是指能源所包含的热量，不考虑品位高低；发电煤耗法是单独将电力按照发电的平均煤耗折合成标煤，热力和其他种类能源仍按照热值法来换算[15]。这一指标衡量的是一个国家、地区或行业的总体能源效率水平，能源强度越低，单位产值能耗就越低。

2. 单位产品能耗

单位产品能耗定义为某一时期内生产某种产品所消耗的各种能源总量与该产品产量之比。其中，产品的能耗包括热耗（如燃料）和电耗（如电力），以热当量法和发电煤耗法计算。产品产量具有不同单位，例如，吨钢综合能耗、吨炼铁能耗单位为万吨标准煤/吨等。计算公式表示为：

$$单位产品能耗 = \frac{能源消耗总量}{产品总量（钢铁、水泥、原煤等）}$$

该指标用于衡量某个行业或部门的技术装备和管理水平以及能源消耗量，测度其经营状况和生产成本的高低，并根据该指标淘汰落后设备和工艺，达到提高能源利用效率、减少单位产品能耗的目的；也用于具有相同生产结构或者相同产品的企业或国家间的比较，目前我国这一指标与国际水平比较还存在明显差距[16]。

3. 中间环节效率和终端利用效率

中间环节效率定义为在生产过程中除去加工、转换和储运过程中的损失、自用能源后的能源与一次能源消费量之比。分子和分母均以能源单位进行计量，结果以百分比表示。该指标衡量项目或生产过程中损失的与自用的能源量，反映能源耗散以及能源利用情况。例如，1989年我国能源中间环节效率为72.4%，2007年为68.4%，中间环节能源利用效率大幅降低。计算公式表示为：

$$中间环节效率 = 1 - \frac{中间环节损失和自用能源}{一次能源消费量}$$

终端利用效率定义为终端用户得到的有用能源量与过程开始输入的能源量之比，分子和分母均以能源单位进行计量，结果以百分比表示。这一指标更多地应用在热能工程等工业上，与技术进步及生产设备密切相关。计算公式表示为：

$$终端利用效率 = \frac{输入社会的有用能源量}{投入的能源量}$$

中间环节效率和终端利用效率这两个指标本身存在重复性，因为终端利用效率有时包含了中间环节损失的能源，但是由于数据的可获得性较差，只能忽略数据的缺陷而得出近似结果。

4. 能源加工转换率

能源加工转换效率定义为一定时期内能源经过加工、转换后，产出的各种能源产品的数量与同期内投入加工、转换的各种能源数量的比率。其中，分子和分母单位相同，结果无单位。计算公式表示为：

$$能源加工转换率 = \frac{能源加工转换净产出量}{能源加工转换净投入量} \times 100\%$$

$$= (1 - 能源加工转换损失率) \times 100\%$$

该指标已经成为衡量我国宏观经济的重要指标之一，用于观察能源加工转换装置、生产工艺的先进与落后以及管理水平的高低，定量研究加工转换过程中的能源投入与产出之间的数量关系，为能源平衡提供依据[17]。

5. 生产率

简单地讲，生产率就是产出与投入的比率，其中包括劳动生产率、资本生产率、全要素生产率等，计算方式纷繁复杂。计算公式统一表示为：

$$生产率 = \frac{产量}{劳动、资本等}$$

例如，劳动生产率指一个工人一小时所生产的物品与劳务量，是衡量企业生产效率的一个重要指标，其主要取决于劳动者的文化素质即劳动技能、各类劳动者的结构、劳动者积极性和创造性发挥的程度等[18]。资本生产率定义为除去劳动之外的各种要素的产出投入比，结果主要取决于生产设备、材料等物质要素的发展水平和使用情况。全要素生产率定义为除去资本和劳动力投入之外的技术进步等导致的产出增加，量化了生产率提高的技术因素和技术进步对经济增长的贡献。

（二）与类似指标的区别

能源回报与这些指标的相同点在于：第一，计算公式的形式，这些指标都是投入与产出的比值；第二，衡量目标，均衡量了研究对象的能源利用效率。但是，比较来看，它们之间更多的是不同点。总体来看，不同点体现在三个方面。一是分析角度。能源回报衡量的是能源生产过程的"实物流"，评价其生产价值，而非一味追求产出；其他指标更多地从"成本效益"出发，针对已有的生产过程更多地考虑在GDP、产品增长的同时减少能源消费。二是产出投入的加总。能源回报考虑到不同能源之间的差异，并进行质量校正，而其他指标大部分并没有考虑这一问题。三是评价范围。能源回报能够评价不同能源生产过程的价值，如评价风能和生物质燃料的生产，评价范围可以是任何能源生产过程。其他指标的评价范围更为宏观,如国家、地区、行业部门等。具体差异体现在分子、分母与应用上(见表1-1)。

表1-1 EROI及其相关指标的比较

指 标	分 子	分 母	应 用
能源强度	能源消耗总量(单位:吨标准煤)	GDP(单位:万元)	测量某个国家、地区或行业的总体能源利用效率水平
单位产品能耗	能源消耗总量(单位:吨标准煤)	产品总量(钢铁、水泥、原煤等)(单位:吨)	衡量某个行业或部门的技术、设备、管理水平等
中间环节效率	除去加工、转换和储运过程中的损失和能源行业自用能源的剩余能源量(单位:吨标准煤)	一次能源消费量(单位:吨标准煤)	衡量项目或生产过程中能源损失和自用能源,主要反映能源耗散情况
终端利用效率	输入社会的有用能源量(单位:吨标准煤)	最初投入生产过程的能源量(单位:吨标准煤)	应用在热能工程等效率测量上,为某个工程的进展与最终使用等提供参考依据
能源加工转换率	能源加工转换的净产出量(单位:吨标准煤)	能源加工转换的净投入量(单位:吨标准煤)	考察能源加工转换装置和生产工艺、管理水平
生产率	产量	劳动力、资本等	应用于多个领域
EROI	产出的能源量(单位:焦耳)	投入的能源量(单位:焦耳)	从实物流的角度出发,衡量能源生产过程的能源利用效率

此外,EROI作为一个新指标,具有明显的两点优势。第一,EROI是能源生产过程的评价指标。虽然从财务角度来讲也有类似产出投入比的指标,其目的是反映产量、利润,但是这一目的受价格影响严重。在后石油时代的背景之下,价格已经不能正确衡量资源和产品的价值[6]。相比之下,EROI指标在计算过程中采用

能源单位，如桶、Btu、Joules 等，理论上摆脱了价格的影响。第二，综合考虑了能源生产过程的能源消耗问题，并将整个环境资源看作一个整体。这个指标虽然简单，但是它将能源、经济、社会、环境看作一个整体的相互关联的系统，而不是孤立的单一过程。因为在计算过程它不仅联系了能源消耗，而且综合了间接能源、包被能（Embodied Energy）、环境的影响和劳动力的消耗。

五　能源与能量

本书中除了经常涉及热量外，还提到了能量。为了给读者一个清晰的概念，下面谈一谈能源、能量和热量。

（一）能源

能源指能够提供能量的物质或物质的运动，例如，煤、石油等通过燃烧可提供热能，空气的运动可提供风能。能源按形成条件可以分为两大类。一类是在自然界中存在的，可以用一定技术开发取得，没有经过加工改变其性质和转换的能源，称之为一次能源，如采出的原煤、原油、天然气、水能、太阳能、风能、生物质能、地热能、潮汐能、海洋能等都是一次能源。另一类是由一次能源经过加工、转换成另一种形式的能源，称之为二次能源，如电力、石油制品、焦炭、人工煤气、水煤炭、甲醇、乙醇等都是二次能源。一次能源无论经过几次转换所得到的能源产品，都称为二次能源。

依据不同的物质，能源的单位有所不同，例如，煤的单位是吨，原油的单位是桶等，不同的单位也可进行换算（见表 1-2 和表 1-3）。

表1-2 原油计量单位换算

单位名称	吨（Tonnes）	千升（Kilolitres）	桶（Barrels）	美加仑（US gallons）
吨（Tonnes）	1	1.165	7.33	307.86
千升（Kilolitres）	0.8581	1	6.2898	264.17
桶（Barrels）	0.1364	0.159	1	42
美加仑（US gallons）	0.00325	0.0038	0.0238	1

资料来源：BP 2013。

表1-3 天然气和液化天然气单位换算

单位名称	亿立方米天然气	亿立方英尺天然气	万吨油当量	万吨液化天然气	万亿英热单位	万桶油当量
亿立方米天然气	1	35.3	9.0	7.4	3.57	66.0
亿立方英尺天然气	0.028	1	0.25	0.21	0.101	1.9
万吨油当量	0.111	3.92	1	0.82	0.397	7.33
万吨液化天然气	0.136	4.80	1.22	1	0.486	8.97
万亿英热单位	0.28	9.9	2.5	2.1	1	18
万桶油当量	0.015	0.535	0.14	0.11	0.0541	1

资料来源：BP 2013。

同时，为便于各种燃料进行统计、对比和分析，可按照其热值把它们折合成标准燃料。国际上采用的标准燃料有两种：煤和油。以煤作为标准燃料来计量时称为标准煤（又称煤当量），以油作为标准燃料来计量时称为标准油（又称油当量）。煤当量和油当量都是能源计量当量，是计算某种能源的能源量时与标准燃料的热值相对应的数量。

据 GB/T 2589-2008《综合能耗计算通则》的规定，低位发热量等于29307千焦的燃料，称为1千克标准煤（1kgce）。统计中可采用"吨标准煤"，用符号 tce 表示。各种能源折标准煤参考系数见表1-4。油当量是按标准油的热值计算各种能源量的换算指标，中国又称标准油。1千克油当量的热值，联合国按42.62兆焦（MJ）计算，中国按41.87兆焦计算。常用单位有吨油当量（符号为toe）和桶油当量（符号为boe）。

表1-4 各种能源折标准煤参考系数

能源名称	平均低位发热量	折标准煤系数
原煤	20908 kJ/kg	0.7143 kgce/kg
原油	41816 kJ/kg	1.4286 kgce/kg
油田天然气	38931 kJ/m³	1.3300 kgce/m³
气田天然气	35544 kJ/m³	1.2143 kgce/m³
电力（当量值）	3600kJ/（kW·h）	0.1229 kgce/（kW·h）

水电作为一次能源计量时，中国按照火电厂当年生产1千瓦小时电能实际消耗的燃料的平均煤当量值来计算；联合国统计资料则是按电的热功当量计算，1千瓦小时水电相当于3.6兆焦，换算成煤当量的系数是0.1229。

（二）能（量）

能（量），是指产生效应的能力。其中，效应是指在实际中为人类的生存创造了条件，满足了人的生产和生活的需要。例如，燃料燃烧发出的热可用于取暖，也可以用来产生蒸汽动力和燃气动力或用于生产。

能量以多种形式存在，如热能、机械能、电能、化学能、辐射能、核能和光能等。在国际单位标准中，能量的单位是焦耳（J）。除焦耳外，常用的还有千瓦时（kW·h）、英国热量单位（Btu）和电子伏特（eV）。目前，能量的测量方法经常使用到一些较为基本的概念，如质量、距离、辐射、温度、时间、电荷和电流。经常使用的技术是量热法，这是一种热力学技术，通过温度计测量温度或用测辐射热仪测量辐射强度。

能源的利用过程就是能量的转化和转移过程。能量蕴含在能源物质当中（见表1-5），并通过一定方式转化成便于人类使用的能量形式。例如，煤、石油等化石能源蕴藏着大量的化学能，通过燃烧释放出热能，即化学能转变成热能；如果通过内燃机、发电机等，则将热能转变为机械能或电能，进而可以做功。

表1-5 能量储存形式和天然能源

能量形式	有关的能源
重力位能	水力，潮汐能
化学能	煤，石油，天然气，柴薪（生物质能），燃料电池
原子核能	铀、钍等核裂变燃料，氘、氚等核聚变燃料
热能	地热，高温岩体
动能	风力，波浪
辐射能	太阳能

由于温差，能量自发地从高温系统转移到低温系统，转移的能量称为热量。热量与能量不同，热量与过程相关，它衡量了热交换过程中能量的变动量，而能量是状态量。物体或系统处于某一状态时不能说它含有多少热量，而只能说含有多少能量，因为热量是过程量。若经热交换，物体升高（或降低）的温度为 $\triangle T$，那么物体吸收（或放出）的热量 $Q = cm\Delta T$，其中，c 是物体的比热容，m 是物体的质量。热量的单位与能量的单位相同。

第二节 能源回报的研究情况

最早在1955年，在认识到净能源对社会经济的重要性后，Fred[19]提出了能源盈余（Energy Surplus），即能源产出与能源投入之差。此后，Odum[2]又提出，对有机物或者整个物种来讲，具有真正价值的是净能源（Net Energy）。Leena等[20]提出了EROI定义并认为EROI是衡量能源质量的方法之一。进入21世纪后，随着化石能源有限性的凸显，EROI方法才逐渐被重视并发展起来。与EROI类似的指标还有能源利润率、净能源[2]、能源获得[21]、能源回收[22]。目前，国外关于能源回报的主要研究者包括：①Charles Hall，美国纽约州立大学环境科学与林业学院特聘教授，EROI研究的创始人，主要从事能源回报、能源与经济的研究工作，截至2012年在他的带领下已成功召开四届EROI与生态物理经济学国际会议。2010年10月，他组织世界各地的研究者展开对能源回报的全面研究，并在 *Sustainability* 杂志创办专刊 *Net Gains from Depleting Fossil Energy and Mineral Sources*。EROI研究的最终目标是通过能源回报分析，发展一种新的经济学，即生态物理经济学（Biophysical Economics）。②Cutler J. Cleveland，波士顿大学教授，其详细介绍见参考文献。③Nate Hagens，美国福尔蒙特大学博士，其博士论文的研究内容为净能源及其影响，并相继产生了一系列研究成果。④David Murphy，毕业于纽约州立大学（Charles Hall的博士），研究方向为石油峰值、能源回报和经济增长，现于伊利诺伊大学任研究员。2011年发表了题为 *Energy Return on Investment, Peak Oil, and the End of Economic Growth* 的文章，充分论述了能源回报、石油峰值和经济发展之间的关系。Nate Hagens 和 David Murphy 同时也是 the Oil Drum 网站的编辑，向该网站提供关于 Net Energy 和 EROI 的最新研究成果。此外，还有 Costanza, R., Gingerich, J., Hendrickson, O. 和 Kenneth Mulder 等人对能源回报研究的发展起到了推动作用。

对于化石能源 EROI 的研究主要集中于美国和全球并以石油天然气为主。Cleveland 等[6,20]计算出美国天然气开采的 EROI 值在 1970 年为 100：1，到 1981 年降到 12：1，2004 年为 20：1；煤炭开采从 20 世纪 60 年代中叶的 80：1 降低到 1977 年的 30：1。Sell[23]测定了美国宾夕法尼亚州印第安纳市的常规能源 EROI 值，1986 年为 46：1，1996 年为 22：1，2001 年为 15：1；德克萨斯州 Wise 市的非常规能源 EROI 值，2000 年为 84：1，2004 年为 45：1，2007 年为 38：1。Costanza 和 Cleveland[24]计算出 20 世纪初至 20 世纪 70 年代，大型油田的 EROI 值保持在 25：1 左右。Gagnon 等[25]计算了全球石油天然气产量的 EROI 值，1992 年为 21：1，1999 年为 35：1，2006 年为 18：1，预计在 2022 年或者更长的时间内 EROI 值将降低到 1：1。Hall 等[26]初步分析了最小 EROI 值，也就是说，为了维持经济活动和社会功能从能源开发中必须获得的最少的能源量，并提出"最小 EROI 原则"（Law of Minimum EROI）。Megan 等[27]计算了美国国内油气生产的 EROI 值，1990 年达到 16：1，2000 年为 15：1，2010 年达到 10：1。Freise[28]计算出加拿大西部石油天然气开采在 2009 年时 EROI 为 8.8：1。Leena 等[29]计算出挪威石油在 2005 年前后达到 40：1 左右。

在非常规能源和可再生能源 EROI 值的研究方面，Cleveland[30]

认为虽然现今石油资源的 EROI 值较 20 世纪 30 年代大大降低，但是仍然比替代燃料的 EROI 值高。例如，美国生物燃料（谷物为原料）的 EROI 值为1.5∶1，巴西生物燃料（糖为原料）为 8∶1，油页岩和煤液化 EROI 值均在盈亏平衡点附近小幅变动。Cleveland 还指出，核能的 EROI 值更低，但是很少有可信的核能 EROI 值研究，由于未来对核电的建设和需要，并不能准确确定未来核能的 EROI 值。Cleveland[6]又计算了美国生物质燃料为1.5∶1，巴西生物质燃料为 8∶1。Murphy[31]总结出核能 EROI 为 5∶1～15∶1，风能为18∶1，太阳能为 3.5∶1，生物燃料为 1.2∶1。Ioannis 等[32]粗略计算了全球风能为 20∶1 左右，全球太阳能光伏发电为 5.4∶1～10∶1。Weibach 等[33]计算的新西兰水电在两年能源回收期下达到50∶1，在三年的能源回收期下达到 35∶1。Thomas[34]计算的加拿大阿尔伯达油砂 EROI 值为 4∶1。Brandt[35]计算的加拿大阿尔伯达省油页岩 EROI 值为 1.1∶1～1.8∶1。Bryan 等[36]计算了美国宾夕法尼亚州印第安纳市的致密气在 20 世纪 60 年代至 80 年代平均为 87∶1，最高达到 120∶1，到 2003 年降为 67∶1 左右。

此外，EROI 趋势还衡量了技术进步与化石能源耗竭之间的抗衡作用，Dale 等[37]发现技术进步存在"顶板"，在化石能源产量达到峰值之前，技术进步能够使产量增加，EROI 值也随之上升，但是当技术进步逼近顶板，资源的耗竭程度愈加明显时，产量将不能再上升，EROI 值也会下降。当然，EROI 值在时间序列上也出现峰值，例如，Bryan 等[36]发现美国天然气生产的 EROI 值趋势出现两次峰值，其中一次与 Hubbert 预测的天然气峰值发生在同一时间；Leena 等[29]发现挪威石油生产的 EROI 峰值出现在 1996 年。也有研究者发现，在钻井强度很大时，EROI 值不是在下降[27]，就是达到最大值[6]。关于化石能源峰值和 EROI 值的具体关系，研究者发现：EROI 峰值及其产量峰值具有依赖性[38]；下降的 EROI 值能够解释石油产量的下降[39]；EROI 值与化石能源价格成反比例关系，与化石能源资源的耗竭程度呈反比例关系[40]；产量峰值早于净能源峰值出现[29]。Dale[41]以生物物理学的思想建立了全球能源模型（GEMBA），并用系统动力学方法建立动态 EROI 模型，发现 EROI 值将直接影响能源部门和工业部门的资本存量，EROI 值将随能源产量的提高呈倒 U 形，其中技术对能源回报有提升作用、资源耗竭量对能源回报有阻碍作用。Coughlin[42]模拟了能源生产部门对能源的三种消耗情况，并研究了能源消耗对 EROI 值的影响。

近年来，由于较好地评价了能源生产的真正价值，EROI 在学术界迅速发展起来。以往能源生产的可行性分析大多以现金流、利润率等作为评价标准，以追求经济效益为目的。但随着化石能源稀缺性及其对经济限制性作用的逐渐显现，这些以货币为单位的衡量方法忽略了能源生产过程对能源的消耗，已不能完全评价自然资源开采的真正价值。综合国内外的研究文献，我们发现，国外对 EROI 的研究已经发展到一定程度，而国内的学术文章只有两篇，不仅对 EROI 的理解存在偏差，而且国内 EROI 值的计算也存在问题。基于此，本书将系统全面地给出 EROI 的全部基本内容，详细计算我国化石能源的 EROI 值，并将 EROI 值趋势与我国经济增长问题联系起来。

参考文献

[1] Cottrell, W. F., Energy and Society: *The Relationship Between Energy, Social*

Change, and Economic Development (eBook). New York: McGraw-Hill, 1955.

[2] Odum, H. T., "Energy, Ecology, and Economics," *Ambio*, 1973, 2: 220-227.

[3] Gilliland, M., "Energy Analysis and Public Policy," *Science*. 1975, 189: 1051-1056.

[4] Cleveland, C. J., Costanza R, Hall C A S et al., "Energy and Theunited States Economy - a Biophysical Perspective," *Science*, 1984, 225: 890-897.

[5] Farrell, A. E., Plevin R. J., Turner B. T., et al., "Ethanol Can Contribute to Energy and Environmental Goals," *Science*, 2006, 311: 506-508.

[6] Cleveland, J. C., "Net Energy from the Extraction of Oil and Gas in the United States," *Energy*, 2005, 30: 769-782.

[7] Murphy, D. J., Hall C. S., Powers B., "New Perspectives on the Energy Return on Investment (EROI) of Corn Ethanol," *Sustainability*, 2010, 13: 179-202.

[8] Hammerschlag, R. Ethanol, "Energy Return on Investment: A Survey of the Literature 1990-present," *Environ Science Technol.* 2006, 40: 1744-1750.

[9] Cleveland, C. J., Kaufmann, R. K., Stern, D. I., "Aggregation and the Role of Energy in the Economy," *Economy*, 2000, 32: 301-317.

[10] Murphy, D. J., Hall, C. A. S., "Year in Review - EROI or Energy Return on (Energy) Invested," *Annals of the New York Academy of Sciences*. 2010, 1185: 102-118.

[11] 徐锭明:《坚持科技创新积极开拓市场》,《中国科技投资》2009 年第 4 期。

[12] 徐锭明:《科技决定能源未来》,《中国科技投资》2009 年第 1 期。

[13] Kim, S., Dale, B., "Environmental Aspects of Ethanol Derived from no-tilled Corn Grain: Nonrenewable Energy Consumption and Greenhouse Gas E-

missions," *Biomass & Bioenergy*. 2005, 28 (5): 475 – 489.

［14］魏一鸣、廖华:《能源效率的七类测度指标及其测度方法》,《中国软科学》2010 年第 1 期。

［15］江亿、杨秀:《在能源分析中采用等效电方法》,《中国能源》2010 年第 5 期。

［16］王庆一:《中国 2007 年终端消费和能源效率（中）》,《节能与环保》2009 年第 3 期。

［17］隗斌贤:《论能源加工转换效率分析》,《北京统计》1995 年第 11 期。

［18］崔传斌:《全要素生产率国外研究文献综述》,《未来与发展》2010 年第 10 期。

［19］Fred, C. W, Energy and Society: The Relationship Between Energy, Social Change and Economic Development. New York: McGraw – Hill Book Company, 1955.

［20］Cleveland, C. J., Costanza, R., Hall, C. A. S. et al., "Energy and the United States Economy – a Biophysical Perspective," *Science*, 1984, 225: 890 – 897.

［21］Tainter, J. A., "Resource Transitions and Energy Gain: Contexts of Organization," *Conservation and Ecology*, 2003, 7 (3): 145 – 154.

［22］Keoleian, G., "Application of Life Cycle Energy Analysis to Photovoltaic Design," *Progress In Voltaics*, 1998, 5 (4): 52 – 59.

［23］Sell, B., Peak Gas and EROI: Conventional on the Upside, Unconventional and Marginal on the Downside. The 2nd International Conference on Biophysical Economics College of Environmental Science and Forestry, Syracuse NY. 2009, 10: 414 – 415.

［24］Costanza, R., Cleveland, C., "Full Cost Accounting: A Framework for Evaluating Energy Options and Climate Change Strategies," *Net Energy*, 2006.

［25］Gagnon, N., Hall, C. A. S., Brinker, L., "A Preliminary Investigation of Energy Return on Energy Investment for Global Oil and Gas Production," *Energies*, 2009, 2: 491 – 503.

[26] Hall, C. A. S., Balogh, S., Murphy, D. J. R., "What is the Minimum EROI that a Sustainable Society Must Have?" *Energies*, 2009, 2: 25 – 34.

[27] Megan, C. G., Charles, A. S., Pete, O. C. et al., "A New Long Term Assessment of Energy Return on Investment (EROI) for U. S. Oil and Gas Discovery and Production," *Sustainability*, 2011, 3: 1866 – 1887.

[28] Freise, J., "The EROI of Conventional Canadian Natural Gas Production," *Sustainability*, 2011, 3: 2413 – 2432.

[29] Leena, G., Hall, C. A. S, Höök, M., Energy Return on Investment for Norwegian Oil and Gas from 1991 to 2008. *Sustainability*, 2011, 3: 2050 – 2070.

[30] Cleveland, C. J., "Ten Fundamental Principles of Net Energy," *The Encyclopedia of Earth*, 2008, 5: 37 – 44.

[31] Murphy, D. J., "The Meaning of Energy Return on Investment (EROI) and some Recent Applications," The 2nd International Conference on Biophysical Economics College of Environmental Science and Forestry, Syracuse NY. 2009, 10.

[32] Ioannis, K. N., David, C. W., Towards a Sustainable Global Energy Supply Infrastructure: Net Energy Balance and Density Considerations. 2011, 9: 5322 – 5334.

[33] Weibach, D., Ruprecht, G., Hukea, A. et al., "Energy Intensity's, EROIs (Energy Returned on Invested), and Energy Payback Times of Electricity Generating Power Plants," *Energy*, 2013, 43: 53 – 58.

[34] Thomas, H. D., "The End of Engenuity," *New York Times*, 2006. 11. 29.

[35] Brandt, "A Converting Oil Shale to Liquid Fuels with the Alberta Taciuk Processor: Energy Inputs and Greenhouse Gas Emissions," *Energy Fuel*, 2009, 23: 6253 – 6258.

[36] Bryan, S., David, M., Charles, A. S., "Energy Return on Energy Invested for Tight Gas Wells in the Appalachian Basin," *Sustainability*, 2011, 3: 1986 – 2008.

[37] Dale, M., Krumdieck, S., Bodger, P., "Global Energy Modeling—A Biophysical Approach (GEMBA) Part 2: Methodology," *Ecological Economics*, 2012, 73: 158 – 167.

[38] Heun, M. K., Wit, M. D., "Energy Return on (energy) Invested (EROI), Oil Prices, and Energy Transitions," *Energy Policy*, 2012, 40: 147 – 158.

[39] Bardi, U., Lavacchi, A., Yaxley, L., "Modeling EROEI and Net Energy in the Exploitation of Non-renewable Resources," *Ecological Modeling*, 2011, 223: 54 – 58.

[40] King, C. W., Hall, C. A. S., "Relating Financial and Energy Return on Investment," *Sustainability*, 2011, 3: 1810 – 1832.

[41] Dale, M., Krumdieck, S., Bodger, P., "Global Energy Modeling – A Biophysical Approach (GEMBA) Part 1: An Overview of Biophysical Economics," *Ecological Economics*, 2012, 73: 152 – 157.

[42] Coughlin, K., "A Mathematical Analysis of Full Fuel Cycle Energy Use," *Energy*, 2012, 37: 698 – 708.

第二章 能源回报与净能源

第一节 净能源

一 什么是净能源

最初，净能源应用于生态经济学领域，用来分析整个生命周期中能源的取得与使用。一个多世纪以来净能源分析在不断演变。19世纪末期，乌克兰的社会学家Podolinsky Sergei Andreyevich，将净能源分析主要应用于农产品产出方面。1925年，生物数学家、统计学家Alfred James Lotka出版著作 *Elements of Physical Biology*，提出自然界中的生物凭借获取可利用的资源来产生能量，获得的净能源的多少决定竞争优势的大小，而后Alfred将其又应用到人类社会的研究中来。20世纪20年代，英国化学家Frederick Soddy主张，用能源替代货币，因为能源几乎是任何产品的来源。20世纪70年代，生态学家Howard Thomas Odum创立了能量流分析方法，认为"能源的真正价值在于净能源，也就是说扣除获取成本、炼化成本后的那部分能源"，这一理论对研究界产生了巨大影响，开始兴盛起来。当时，已经广泛应用于化石燃料、核能、可再生能源等，对传统的经济分析方法造成了不小的冲击。

近年来，随着化石能源产量的缓慢增长以及石油峰值理论的发展，净能源分析再次引起众人注意。经济学家普遍认为，能源价格涵盖了生产过程中的所有成本，但是，能源研究者认为价格只反映了能源的"表面价值"，却不能像净能源分析那样得出能源生产的"潜在价值"。同时，净能源分析单纯地从能源量的角度出发，由此忽略了对经济价值的衡量而备受争议。目前，净能源（Net Energy 或 Net Energy Gain）被清晰地定义为：扣除能源勘探、生产、炼化、输送成本和其他成本后剩下的可供社会使用的能源，其分析（Net Energy Analysis，NEA）工具也多种多样，如能源投资回报、能量产额比、净能源比率和生命周期分析等。

净能源的不断增长，才能保障社会进行基础设施建设、粮食等必需品的生产以及文化建设。但是，随着人类对大量高质量能源的消耗，能源成本在不断增加。例如，20世纪早期，世界利用木质材料的生产设备进行石油开采活动（见图2-1），而今，墨

图2-1 20世纪初能源生产现场

西哥湾的石油开采已经利用非常先进的设备（见图2-2），这些生产设施的建设又进而消耗了更多的能源。

图2-2 现今海上墨西哥湾能源生产现场

二 净能源的主要思想

从生物进化的角度看，整个地球的发展史就是一部能源使用的历史，那些能够获取高质量能源并以此创造出更多自身所用能源的生物均具有很强的生存优势，也就是说，净能源才是衡量生物进化的重要指标。依据此理论，Odum认为对于所有有机物以及整个社会来讲，具有真正价值的是净能源[1]。从赫尔曼·冯·赫姆霍兹提出的热力学第一定律来看，能量既不能被创造也不能被毁灭，装置本身不能创造自己所需的能量，为了保持永不停歇的运动状态，它必须从其他源头获得能量，即使是拥有初始动力的装置也会由于运转过程中的摩擦力而耗尽能量。这两种公认的理论的共同性是任何生产过程在释放能量时也要消耗能量。借助于这两种理论，认为能源的可持续供应能力应是用能源制造能源后剩余的能源（Net Energy）或者是能源投入带来了多少能源产出（EROI），而不是以往所认为的能源产量而已。净能源揭示了能源生产和经济运行的本质，其主要思想包括以下三个方面。

（一）揭示了经济运行的本质——得"产品"必耗"产品"

对于任何一个经济系统，小至企业大至国家不仅要考虑总产出，更要从净产出的角度进行决策，例如，宏观经济学中有国民生产总值和国民生产净值，公司的财务统计中有总收入和利润。这里，以一个抽象的生产消费系统为例来说明净能源分析的重要性（见图 2-3）。

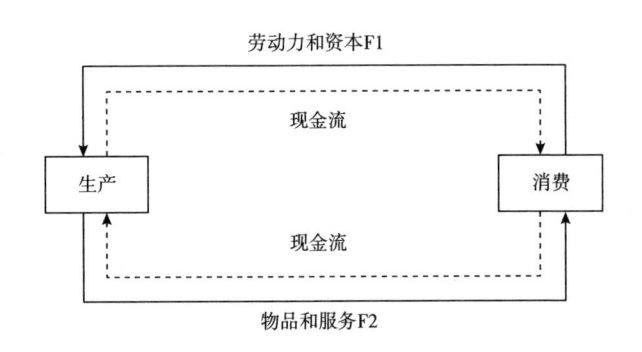

图 2-3 抽象的生产消费系统

图 2-3 中，消费者向生产者提供现金购买物品和服务 F2，生产者支付现金从而获得劳动力和资本 F1 以满足生产要求，整个系统周而复始地运行。在这个简单的经济系统中，NEG = F2 - F1。

（二）说明了能源生产的本质——得"能源"必耗"能源"

能源生产的真正价值在于为社会提供的净能源量，也就是说，能源的采出量减去为获得这些能源而付出的成本。这里，以石油天然气开采为例说明净能源分析（见图2-4）。

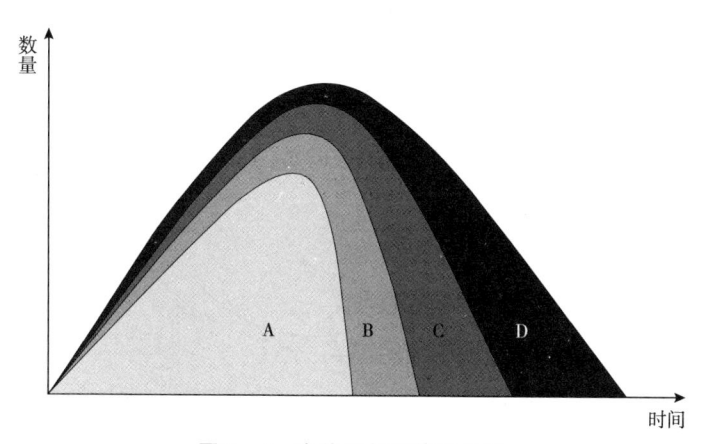

图2-4 净能源与总能源曲线

资料来源：The Oil Drum：Net Energy，http：//campfire.theoildrum.com/node/5436。

在图2-4中，纵轴表示能源量，横轴表示时间，总能源产量用X表示，X=A+B+C+D，D为直接能源消耗，C为间接能源消耗，B为环境外部性，A为净能源。净能源较总能源产量提前达到峰值，峰值产量也较低。从图2-4中，应当认识到，不能单纯地以总产量作为衡量某一能源生产是否可行甚至是否具有价值的依据，净能源分析才是重点。只有净能源的不断增长，才能保障社会进行基础设施建设以及文化建设等。

（三）在传统的经济分析中加入了自然系统

在传统的经济学分析中，仅仅从纯经济的角度考虑问题，体现的一般是经济规律和数学规律。但是，净能源的分析方法将自然系统和经济系统联系起来，在经济分析中充分体现了资源的重要作用。这里，以简单的自然系统和经济系统为例说明净能源分析方法（见图2-5）。

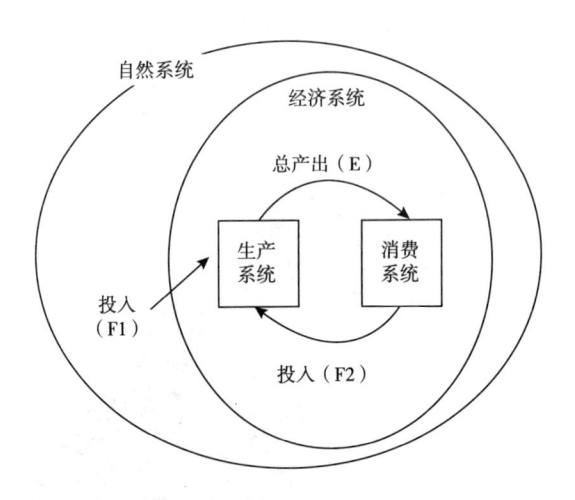

图2-5 简单的自然系统和经济系统

资料来源：Robert A Herendeen，2006。

图2-5中，E为在生产系统下产出的产品；在消费系统下产生F2供生产系统运行，如原材料、服务、劳动、资本等；除了F2的供应外，生产系统还需要自然系统提供的F1，如木材、土地、太阳能、能源等。净能源分析将这一简单的自然系统和经济系统结合的公式为：NEG = E - (F1 + F2)。

第二节 能源回报与净能源

能源回报与净能源的关系可以简单表示为：能源回报 = 产出绝对量/投入绝对量；净能源比值 = 能源回报 - 1；净能源绝对

量＝产出绝对量－投入绝对量。能源回报的主要思想正是体现在为净能源和总能源分析建立了两种联系：第一，当两个能源生产过程生产的总能源量相同时，能源回报越大，说明用于生产能源的投入就越少，为社会提供的净能源越多（见图 2-6）；第二，当两个能源生产过程完成后，为社会提供的净能源量相同时，能源回报越大，说明用于生产能源的投入就越少，产生的总能源越多（见图 2-7）。从图 2-6 中可以看出，在总产出均为 100 的情况下，EROI 为 18∶1 的能源生产过程能为经济社会提供 94 的净能源量，但是 EROI 为 1.2∶1 的能源生产过程仅仅提供了 20[2]。因此，对两个不同的生产过程进行比较时，EROI 是比较有效的分析工具。本书认为，图 2-6 及图 2-7 揭示了 EROI 数值大小的重要含义，说明了 EROI 计算的重要性，同时也能够解释一些总产量背后隐含的能源量问题，可以说，图 2-6 和图 2-7 是 EROI 研究的精髓。

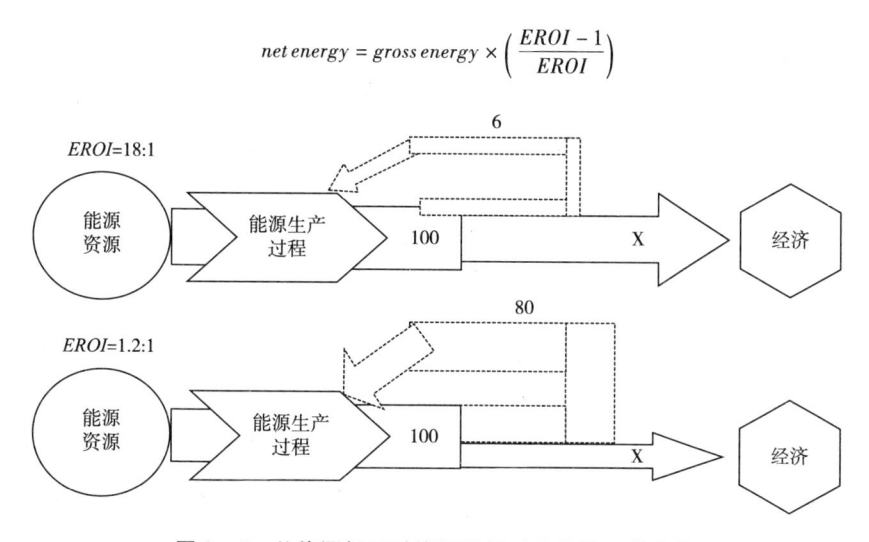

$$net\ energy = gross\ energy \times \left(\frac{EROI-1}{EROI}\right)$$

图 2-6 总能源相同时能源回报对净能源 X 的衡量

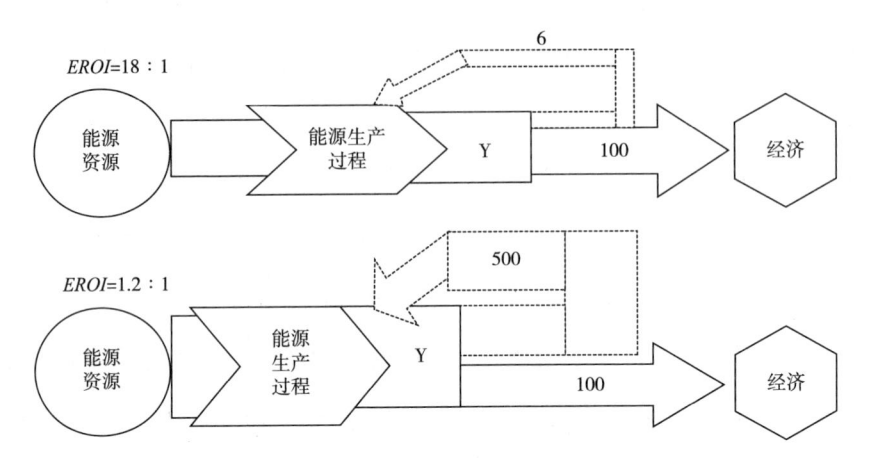

$$gross\ energy = net\ energy / \left(\frac{EROI - 1}{EROI}\right)$$

图 2-7　净能源相同时能源回报对总能源 Y 的衡量

参考文献

[1] Odum, H. T., "Energy, Ecology, and Economics," *Ambio*, 1973, 2: 220-227.

[2] David, J. Murphy, Charles, A. S. Hall, "Energy Return on Investment, Peak Oil, and the End of Economic Growth," *New York Academy of Sciences*, 2011, 1219: 52-72.

第三章 能源回报与化石能源峰值

第一节 化石能源峰值

一 研究现状

在介绍能源回报评价方法之前，不得不提到与之有着天然密切联系的"峰值理论"，虽说两者的内容不尽相同，但两者都揭示了化石能源短缺的紧迫性以及对人类经济社会的重要性。早在20世纪50年代，美国著名石油地质学家Hubbert就发现了矿产资源的"钟形曲线"规律，提出了石油峰值理论，指出石油作为不可再生资源，任何地区的石油产量都会达到最高峰，达到峰值后该地区的石油产量将不可避免地开始下降。经过半个多世纪的研究，石油峰值的定义得到了不断补充与完善，范围也扩展到化石能源领域。化石能源峰值（Peak Oil）指的是某一油区（矿区）或者国家化石能源产量的最大值和最大值来临的时间。从狭义的角度来看，它表示一个产量峰值点；从广义的角度来看，它也可以表示化石能源产量的高峰平台。其本质是研究化石能源耗竭（Oil Depletion）这一客观现象与规律以及对石油资源长期预测的理论。化石能源峰值并不意味着全世界已经把化石能源用光了，而是化石能源供应不再增加，不能满足日益增长的需求①。

化石能源峰值的研究起源于石油峰值的研究。美国地质学家 Hubbert[1]首次提出石油峰值理论并成功预测了美国石油峰值。自此之后，峰值研究开始在学术界迅速发展起来。1998 年，Campbell 和 Laherrère[2]基于峰值理论预言了廉价石油时代的终结，21 世纪以来的油价高涨也验证了其理论的准确性。为了扩大石油峰值的研究范围，Campbell 等人在 2002 年创立世界石油峰值研究会（ASPO）。目前，该组织已经成为全球研究化石能源峰值的领导者，现有 36 个分组织遍布全球不同国家和地区，每年都有来自全球的数百名学者参与其年度学术会议[3]。

从国外角度看，化石能源峰值的研究十分活跃。在石油峰值的预测上，Nel 和 Cooper[4]预测全球石油峰值将在 2014 年到来，并提出化石能源正制约经济发展，影响全球变暖。Aleklett 等[5]指出国际能源署（IEA）对未来石油供应过于乐观，全球石油峰值即将到来。同年，Bentley[6]在分析了各种数据后发现超过 60 个国家的常规石油峰值已经来到，全球的常规石油峰值也将来临。Sorrell 等[7]发现探明储量占世界 2/3 的 500 个油田中已有 100 个油田产量达到峰值，并且在未来的几十年间产量会持续下降。Robert[8]分析了 Logistic 曲线的合理性，并给出其对开采成本和油价上升的影响。在天然气峰值的预测上，Bentley[9]提出全球常规天然气峰值将出现在 2020 年，之后产量将逐渐下降。Mohr 和 Evans[10]分析了常规天然气和非常规天然气的最终可采储量，

---

① 有关石油及化石能源峰值的详细研究可见冯连勇、胡燕《走进后石油时代》，科学出版社，2011。

在此基础上指出世界天然气峰值最早会出现在 2025 年。Maggio 和 Cacciola[11]在 2012 年预测的世界天然气产量将在 2035 年左右达到峰值，产量约为 3.74 万亿立方米。对于煤炭而言，许多学者[12-15]的研究指出，全球煤炭资源比预想的要少很多，且可采储量的枯竭速度也正在加快。但是，同时也有文章指出，对于美国煤炭产量的预测，尤其是研究峰值产量时，没有全面考虑美国煤炭可采资源量大小[16]。

从国内角度看，最早有关峰值思想和方法的论述是翁文波[17]根据油田产量由兴到衰的过程推导出的泊松旋回模型，即翁氏模型。陈元千[18]在翁氏模型的基础上，结合概率统计学中的伽玛分布推导出了广义翁氏模型。之后，一系列模型相继被提出[19]。Feng 等[20,21]预测出我国石油峰值将于 2015 年左右出现。Zhao 等[22]提出峰值主义思潮将在世界范围内兴起。之后，Wang 等[23]结合 Hubbert 模型和广义翁式模型计算出世界常规石油的产量峰值在 2011 年达到，峰值产量为 300 亿桶。Tao 和 Li[24]运用系统动力学模型预测我国的煤炭峰值将出现在 2025 年。随后，Lin 和 Liu[25]运用 Logistic 模型和 Gaussian 模型预测我国煤炭产量于 2025~2027 年出现峰值。Wang[26]等预测了中国煤炭产量曲线，发现其峰值出现在 2025~2030 年，产量约为 39 亿吨，预测天然气产量在 2020 年达到 1646 亿立方米，远低于需求[27]。

综上所述，国外化石能源峰值的研究已经较为广泛和成熟，有关国家或地区已经采取相关措施应对化石能源峰值问题。从国内角度看，除了对煤炭、石油、天然气采用已有的和改进的峰值模型进行预测外，对该问题还存在一定的争论。当然，基于不同角度对化石能源峰值持有不同的见解是学术界允许并提倡的，但是这些反对声音基于怎样的原因和理由目前还没有给出分析与解释。基于此，本书将在后文给出这一问题的答案。

二 何时来临

（一）化石能源峰值的预测模型

石油峰值的研究始于 1956 年美国著名石油地质学家 M. King Hubbert 提出的峰值模型，其预测美国石油产量将在 1967～1970 年达到峰值[33]。随后几十年中，各个领域的研究者围绕着 Hubbert 的方法和预测展开了激烈的争论[34]。这一问题在我国直到近几年才引起了关注，实际上我国的研究者早已在石油和天然气产量预测领域做出了一定的贡献，尤其是在峰值模型的建立上。1984 年，我国著名地球物理学家、石油地质学家、知名预测论专家、中科院院士翁文波出版了《预测论基础》[17]，这标志着石油峰值理论研究在我国的开始。在该书中，翁文波提出了应用于有限体系如矿产资源等的泊松旋回模型，并以 1918 年为基准年预测了世界石油和天然气产量，这是我国建立的第一个油气田储量、产量中长期预测模型，后来被命名为"翁氏模型"。1996 年在翁文波去世的第二年，我国原石油天然气总公司石油勘探开发科学研究院的陈元千，不仅对翁氏模型进行了重新推导，而且首次提出了求解非线性模型的线性试差法。陈元千将原翁氏模型中的常数 b 推广到包括 0 在内的任意正实数，将其称为"广义翁氏模型"，并进行了实证分析[35,36]。此后，以陈元千、胡建国为代表的许多研究者利用峰值模型对化石能源产量开展了广泛的预测分析。

目前，预测化石能源产量的方法主要分为：利用固有模型进行曲线拟合、利用探明储量和产量的关系进行系统仿真。其中，曲线拟合模型又分为单循环模型和多循环模型。

1. 单循环预测模型

单循环预测模型以生命旋回理论为基础，反映了油气生产的自然规律，方法简单、操作性强。但此方法对于存在多个峰值产量的油气田来讲预测精度较差，没有充分考虑过去及未来技术进步的作用。该模型适用于单一循环的油气（田）区。从预测模型的形式上看，可将单循环模型分为两大类。

（1）广义Ⅰ类预测模型。

该类模型综合了广义翁氏模型（应用最为广泛）[35,36]、威布尔模型[18]、瑞丽模型[37]和 t 模型[38,39]，综合的产量预测公式形式如下：

$$Q = at^b e^{(\frac{-t^m}{c})}, (0 \leqslant m \leqslant b+1) \tag{3.1}$$

其中，Q 为产量；t 为相对开发时间（如设置 1949 年为 1）；a, b, c, m 均为模型系数，不同取值得到相应模型，如表 3-1 所示。

表 3-1　广义Ⅰ类预测模型的具体公式

模　型	a	b	c	m
广义翁氏模型	*	*	*	1
威布尔模型	*	*	*	$b+1$
瑞丽模型	N_R/C^2	1	$2C^2$	2
t 模型	kA	n	$-[(n+1)/k]$	$n+1$

说明：① * 为原始系数，② N_R 为最终可采储量（URR），③ C, k, A, n 为模型系数。

（2）广义Ⅱ类预测模型。

与Ⅰ类预测模型比较来看，广义Ⅱ类预测模型加入了累计产

量因素,综合了 HCZ 模型[40]、Hubbert 模型[41-43],综合的产量预测公式形式如下:

$$\frac{Q}{N_R^n} = ae^{(-bt+c)} \tag{3.2}$$

其中,Q 为产量;N_R 为最终可采储量;a,b,n 为模型系数。当系数取不同值时,便得到相应的具体模型,如表 3-2 所示。

表 3-2　广义 II 类预测模型的具体公式

模型	a	b	c	n
HCZ 模型	—	—	$-(a/b)e^{-bt}$	1
Hubbert 模型	$ab/(1+ae^{-bt})^2$	—	0	1

说明:①*为原始系数,②a,b,c,n 为模型系数。

2. 多循环预测模型

由于受政治、经济和技术因素的影响,大部分国家和地区的历史/实际产量一般表现出多个峰值/多循环的状况。如果采用单循环模型,预测结果的精确度就会降低,甚至出现错误的结论,如 Hubbert 在 1970 年运用单循环 Hubbert 模型预测的世界石油产量最迟在 20 世纪 80 年代中期达到峰值的结论就与事实不符[44]。

多循环模型同样以生命旋回理论为基础,考虑了历史技术进步等因素引起的产量变化,预测精准度变高、效果较好,适用于历史产量表现为多个循环的油气(田)区。目前,存在两种多循环产量预测模型,即多循环 Hubbert 预测模型和多循环广义翁氏模型。

1999 年,Alfattah 和 Startzman[45]详细推导了 Hubbert 模型,并建立多循环 Hubbert 模型,主要公式形式为:

$$Q(t) = \sum_{i=1}^{k} Q(t)_i = \sum_{i=1}^{k} 4(Q_{\max})_i \{e^{-a(t-t_{\max})}/[1+e^{-a(t-t_{\max})}]^2\}_i \tag{3.3}$$

其中，k 表示产量循环的个数，当 $k=1$ 时，即为单循环的 Hubbert 模型。

2010 年，冯连勇等[46]提出了多循环广义翁氏模型，并运用该模型对全球天然气产量进行了预测分析，主要公式形式为：

$$Q(t) = \sum_{i=1}^{k} Q(t)_i = \sum_{i=1}^{k} (Q_{max})_i [(et/t_m)^b e^{-(bt/t_m)}]_i \tag{3.4}$$

我国在进行化石能源产量预测时，广泛应用广义翁氏模型，鉴于此，本书对化石能源的预测也采用多循环的广义翁氏模型。

（二）我国化石能源产量预测

1. 化石能源最终可采储量的确定

我国权威机构发布了六次石油天然气资源的评价报告[47]。其中，第一次和第二次全国油气资源评价并没有公布最终可采储量的数据。比较其余四份报告可以看出，最终可采储量在近 10 年内由于地质勘探技术的进步呈上升趋势，如表 3-3 所示。由于四次评价结果都不相同，所以本书取第三次、第四次评估结果的平均值作为低情景，取第五次、第六次评价结果的平均值为高情景，即石油的最终可采储量分别为 150 亿吨和 223 亿吨，天然气的最终可采储量分别为 13 万亿立方米和 27 万亿立方米。

表 3-3 我国石油天然气最终可采储量评估

评估时间	评估机构	报告名称	最终可采储量	
			石油（亿吨）	天然气（万亿立方米）
1999~2003 年	CNPC, SINOPEC Group, CNOOC	国内石油公司石油天然气评价报告[48]	150	12

续表

评估时间	评估机构	报告名称	最终可采储量	
			石油（亿吨）	天然气（万亿立方米）
2003~2004年	CAE	我国可持续发展油气资源战略研究[49]	150	14
2003~2005年	MLR, NDRC, MF	新一轮全国油气资源评价[50]	212	22
2008~2010年	MLR	全国油气资源动态评价[51]	233	32

说明：①CNPC——中国石油天然气集团公司，②SINOPEC Group——中国石油化工集团公司，③CNOOC——中国海洋石油总公司，④CAE——中国工程院，⑤MLR——中国国土资源部，⑥NDRC——国家发改委，⑦MF——中国财政部。

尽管煤炭工业部对国内煤炭资源/储量进行了三次评估[52]，但并没有发布评估报告，因此煤炭最终可采储量的数据无法从权威部门取得，只能通过累积产量加可采储量的方法对最终可采储量进行估算，如表3-4所示。近年来，煤炭最终可采储量的估计几乎处于常值，本书取其平均值，约为2236亿吨。此外，BP公布的WEC报告中也公布了对我国煤炭剩余可采储量的评估，与累积产量相加即可得到最终可采储量，为1687亿吨。

表3-4 煤炭可采储量、最终可采储量的估计

单位：亿吨

年份	产量	累积产量	储量	最终可采储量
2001	13.8	328.2	1891	2219
2002	14.5	342.7	1886	2229
2003	17.2	359.9	1893	2253

续表

年　份	产　量	累积产量	储　量	最终可采储量
2004	19.9	379.8	—	—
2005	22.1	401.9	1842	2244
2006	23.7	425.6	1825	2251
2007	25.3	450.9	1891	2219
2008	28.0	478.9	—	—
2009	30.5	509.4	—	—
2010	32.4	541.8	—	—
平均值	—	—	—	2236

说明：①产量：2010年以前数据来自参考文献[53]，2010年数据来自参考文献[54]；②累积产量：2010年以前数据来自参考文献[53]，2010年数据来自参考文献[53]；③储量：2001年和2002年数据来自参考文献[55,56]，2003年数据来自参考文献[57]，2005年数据来自参考文献[58]，2006年和2007年数据来自参考文献[59,60]。

本书将采用估算方法得到的平均值设置为煤炭最终可采储量的高情景，将BP统计资料中公布的数据设置为低情景，再分别取平均值作为中情景。三种化石能源最终可采储量的情景设置，如表3-5所示。

表3-5　化石能源最终可采储量三种情景的设置

	高情景	中情景	低情景
煤炭（亿吨）	2236	1962	1687
石油（亿吨）	223	187	150
天然气（万亿立方米）	27	20	13

2. 我国化石能源产量预测结果

本书利用广义翁氏模型预测出我国化石能源在不同最终可采储量情景下的未来产量，即：在中情景下，煤炭产量将在2015年左右达到峰值，约为 38 亿吨；原油产量在 2020 年左右约为 2.05 亿吨，继续维持峰值平台期；天然气产量将在 2040 年左右达到峰值，约为 4030 亿立方米（见图 3-1、图 3-2 和图 3-3）。

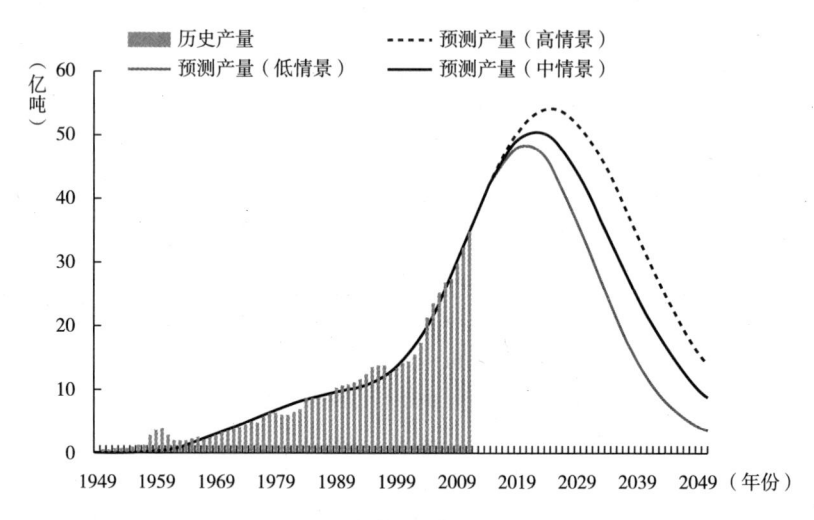

图 3-1　原煤历史产量及预测产量

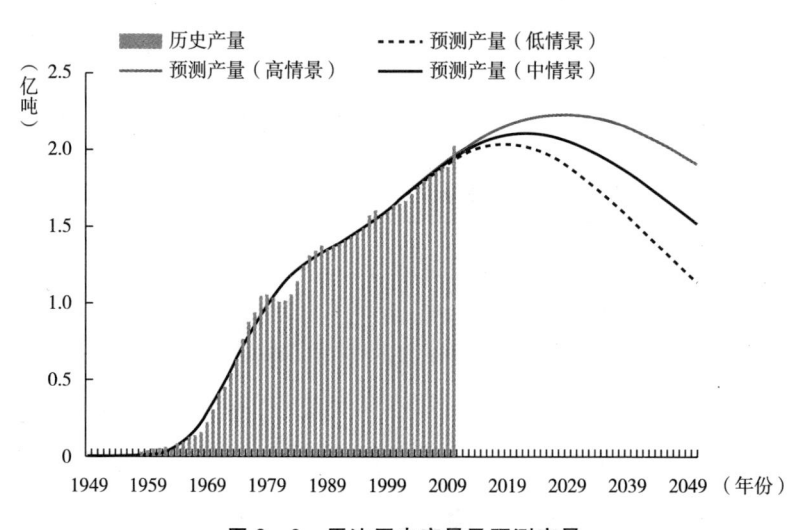

图 3-2　原油历史产量及预测产量

图 3-3 天然气历史产量及预测产量

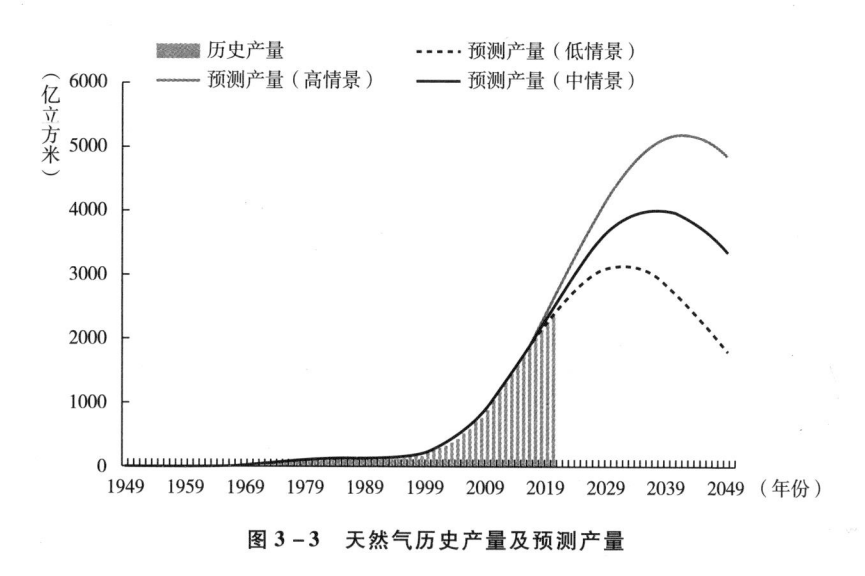

第二节 化石能源峰值在我国的不同观点

从世界角度看，研究者在描述石油峰值的争论时大都集中在石油产量的具体数值、石油产量峰值的具体时间、技术进步在石油峰值中的作用、非常规能源以及可再生能源对石油峰值的影响等。同样，我国对于石油峰值的争论也是如此，没有超越这些话题。

一 不同观点

从报纸、杂志、电视采访等发表言论的各种渠道看，钱伯章[61]是第一个探讨石油峰值正确与否的研究者。但是，他并没有提出孰对孰错，一边承认石油峰值的正确性，一边又阐述世界石油勘探开发的众多成果。虽然后来发表的短文中以"中国 2015 年将迎来'石油峰值'""中国石油和天然气生产峰值的研究现状"为题[62,63]，但并没有发表自己的观点，只是总结了他人的研究与分析。此后，众多对石油峰值的质疑声出现在公众视野中，主要分为三个"派别"。

（一）不支持

国家发改委能源研究所原所长周大地[64]表示，"油气时代没有过去，全世界改变油气为主的这个状态需要相当长的时间，我们不是进入了后石油时代，而是进入了高油价时代，石油峰值不取决于能源资源本身，而是取决于气候变化。石油界'愿意'做出峰值的推断是因为一旦有峰值，国际油价的问题就稳固了，只有走高没有走低"。而且，"石油资源之所以看上去受到限制，那是因为资源的各种形式的垄断或者长期帝国主义瓜分形成的势力范围使得石油资源受到种种限制"。中国商务部中国企业走出去研究中心专家顾问吴东华[65]认为，"人类对石油的需求并不是永无止境的，而是有选择有替代的，人类对石油的消费需求已经见顶，但是石油产量还没见顶，这意味着石油价格下跌即将开始，因此石油峰值论即将崩溃"。中国石化石油勘探开发研究院咨询委员会副主任张抗[44,66,67]极力反对峰值，在正规的中国期刊上发表三篇文章并用详尽的事实反驳石油峰值论，他认为"Hubbert对美国本土陆上48个州的产量峰值的预测是正确的，但是石油峰值论者对他后来对世界石油产量的预测错误避而不谈，因为石油峰值模型在预测一个简单、静止的封闭体系时是具有参考价值的，当面临复杂、开放、变化的事物时就会存在许多模型上的问题"。此外，"世界石油产量不像单个油田那样，不仅有老的生命群体不断获得生命活力而延续这'自然寿命',而且不断有新的生命群体补充进来"。张抗具有长期从事油气勘探开发部署和开发战略研究的经验,对比来看,他认为"西蒙斯(M. R. Simmoms)的错误预测主要是源于他作为一个 MBA 硕士和金融投资家未能认识老油田(区)战术性接替的巨大潜力"。中国石油企业协会会长、中国石油天然气股份有限公司原副总裁胡文瑞[68]没有明显表示反对石油峰值理论,但是从侧面表示"考虑到今后勘探还会发现更多的储量,按现阶段采出速度,全球石油资源开采寿命在 100 年以上,按目前地质认识待发现的石油资源来看至少未来 40～50 年内不会出现石油产量中断和严重供不应求的问题",因此"我们要以发展的眼光来分析油气资源的潜力问题"。中海油政策研究高级主管胡森林[69]发表言论说:"所谓的石油峰值的科学预测恰恰忽略了复杂事物背后的科学激励,供应紧张是'表面化'的,并含有'背后利益驱使',展开对石油峰值唇枪舌剑都是'拿对自己有利的一面'而进行的,若将石油峰值放到实践中加以讨论的话,就会面临众多的挑战"。"就算是 Hubbert 成功预测了 1970 年的石油峰值,那也是个'疑似峰值'。"

(二)中立

有多数研究者将石油峰值的争论分为反峰派和峰值派,我国还有一派就是模糊派,保有中立的观点,他们不明确表明对石油峰值是支持还是反对,但是会围绕石油峰值发表一些看似无关却非常相关的观点。原国家发展改革委能源局局长徐锭明[70,71]认为,"石油走上世界舞台替代煤炭整整走了 50 年,未来后石油时代是一个新的主体的接替时期,是新能源、可再生能源快速成长和发展时期,能源将向清洁、高效、多元、低碳、可持续发展"。而且,"科技决定了能源未来,科技将创造未来能源,人类社会将从能源资源型社会走向能源科技型社会,这是新的能源革命"。中国的经济学者、能源学者、长策智库 GMEP 特约研究员管清友[72]没有明显地表明承认石油峰值,也没有反对石油峰值,只是认为"除石油峰值外还存在消费峰值和排放峰值,这一理论的影响越来越大,不但会改变世界能源结构的版图,甚至可能改变世界经济和政治版图"。厦门大学中国能源经济研究中心主任林伯强[73]尽管预测了中国煤炭产量峰值的时间和数量,但是并没有针对石油峰值做出对与错的评论。他认为,"石油峰值理论对储量、产量及各石油作业量进行定性和定量的研究是确定国家石油安全战略的基石,也是科学制定国家石油政策问题的基础理论之一,是节能的基本动力"。

(三) 支持

在中国,大力发展石油峰值研究的属中国石油大学(北京)中国石油峰值研究小组(ASPO-China)。该小组自 2005 年成立以来,就一直将石油峰值作为重点研究内容,至今已有 9 年的时间,该小组已经在国内外知名学术期刊和报纸上发表几十篇文章,以便引起公众对这一问题的认识和重视。该小组得到了该校副校长庞雄奇的认可,他认为,"石油峰值是存在的,并且越过石油峰值后中国将面临巨大的挑战,如油气短缺问题的加剧、煤炭消费的增长、环境压力的增加等"。他对于中国石油峰值研究小组的研究给予了大量支持,支持石油峰值的说法和观点。但是,似乎这些言论只是引起了一些知名研究者的关注,既没有上升到重要的战略高层,也没有引起普通公众的认识。该小组从相关政府和企业中得到的对石油峰值研究的支持少之又少。其中,中国石油天然气集团公司政策研究室处长郝鸿毅[74]认为,"石油峰值是存在的,而且国际大石油公司也参与到这一问题的讨论中来,他们对待石油峰值的态度上真相与谎言并存,有的石油公司在不承认石油峰值的同时却在积极地采取应对措施"。中国石油化工集团公司和中国石油化工股份有限公司总工程师曹湘洪[75]认为,"后石油时代就在眼前,世界石油产量正在接近高峰,如果盲目乐观、不从现在起就进行迎接后石油时代的各种准备,我们就会犯极大的错误"。一些学校和单位,例如,河海大学商学院、长江大学、南开大学经济学院在学术期刊网上正式发表文章,阐述对石油峰值承认与支持的态度。但是,这些只是一时的看法和言论而已,并没有将石油峰值研究继续下去。

根据上述描述,本书总结了已公开发表的在中国较有影响力的专家学者对石油峰值反对或支持的言论,将其分为三个"派别"(见表3-6)。

表3-6 中国较有影响力的专家学者对石油峰值的主要言论

专家学者	职务背景	主要观点
(不支持/反对)		
周大地[64]	国家发改委	不会进入后石油时代
吴东华[65]	中国商务部	石油峰值论即将崩溃、不攻自破
张抗[66,67]	中石化	在媒体炒作下混淆视听的某种"流行曲"
胡文瑞[68]	中石化	应用发展的眼光看待油气资源
胡森林[69]	中海油	魅影
(中立)		
徐锭明[70,71]	原国家发展改革委能源局	科技决定能源未来,科技将创造未来能源
管清友[72]	经济学者、能源学者	应注意消费峰值和排放峰值
林伯强[73,74]	厦门大学	石油峰值研究是确定国家石油安全战略的基石,也是节能的动力

续表

专家学者	职务背景	主要观点
（支持/发展/研究）		
冯连勇[76]	中国石油峰值研究小组	后石油时代已经来临
郝鸿毅[74]	中石油	石油峰值是存在的
曹湘洪[75]	中石化	后石油时代就在眼前

二 观点不同的原因

尽管石油峰值在我国的研究始于1984年，但是针对石油峰值的争论在近10年内才开始，主要是由于"石油峰值"这一名词的出现，它不同于"石油产量预测"或者"石油产量受限"，极大地引起了关注。本书从三个方面分析了上述研究者对石油峰值争论的三种原因。

第一，对最终可采储量（URR）的认识不同。本书总结出对URR的不同估计，并加入政府层面对URR的评估报告（见图3-4）。对URR不同的估计影响了对石油峰值的态度和观点，支持石油峰值者对URR的估计最低，政府对URR的估计最高。支持石油峰值的研究者预测我国石油最终可采储量为79亿~134亿吨[77-79]，平均为111亿吨；不支持石油峰值的评估结果为88亿~168亿吨[80]，平均为122亿吨；对石油峰值保持中立态度的预测结果为130亿~160亿吨[81]，平均为127亿吨；政府层面的评估报告显示URR为150亿~233亿吨[82-84]，平均为186亿吨。一些研究者认为石油峰值者低估了勘探和生产的潜力，而且并没有考虑技术进步的重要性，所以严重低估了URR总量。无论URR总量如何，化石能源资源是有限的，尽管技术进步能够提高储量、更加有效地使用资源，但随着能源产量的不断增长，资源总会随着持续消费而减少。

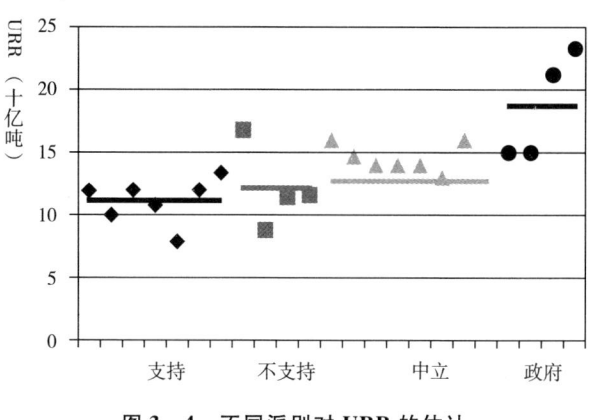

图 3-4　不同派别对 URR 的估计

第二，弱化了石油峰值带来的影响。现代社会的繁荣与石油息息相关，我国的经济发展与石油也高度依存。但是，国内的大部分研究者对于我国经济未来的增长持有比较乐观的预测和估计，认为由石油峰值引起的油价高企对经济的影响不会很大，但是2008年的金融危机可以使得我们意识到这种潜在影响的利害关系。面对高油价，有研究者强调市场能够自然调节油价的高低，公众也能根据油价的变动增加或减少使用石油资源。此外，新能源和非常规能源能够成为替代能源并解决经济和石油峰值的问题。但是，很多研究者忽略了油砂、页岩气、油页岩和煤制油等生产过程同样能消耗大量的化石能源并产生大量的温室气体[85-87]。

第三，对石油峰值问题存在固有的偏见。Hubbert[33]和翁文波[17]的预测均发生在美国和我国原油产量速率上升时期，这一时期产生的悲观理论自然不被接受。有研究者认为这种悲观预测只从模型出发，并没有考虑技术因素。但是，Hubbert 并没有单纯论述产量预测问题，还论述了技术进步为产量带来的变动并认为技术能够提高能源质量。Hubbert 在论述能源消费和产量增长之间的关系之后，得出技术不是解决本质问题的结论。翁文波认为任何自然界中有限的事物都会呈现出生命周期的特点，尤其是不可再生的化石能源。

三 在我国的宣传

截至目前，中国媒体对于石油峰值的宣传没有起到重要作用，只是就公众的需求大肆宣传汽车的购买或者单纯论述节约能源和减少排放的重要性。就我国报纸、网络宣传石油峰值来看，很少有对其正面的支持声音，大部分都是对世界关于石油峰值研究成果的描述与评述、对世界著名石油峰值研究者的采访，或者是描述中国学者对石油峰值的争论（见表 3-7）。因此，媒体的宣传并没有使公众认识到石油峰值发生的可能性。

表 3-7 化石能源峰值在我国公众中的宣传

时间	渠道	论述内容
2004 年 2 月 17 日	报纸	石油峰值产量争论几近白热化（对国外世界石油产量峰值争议内容的汇总）
2006 年 5 月 22 日	报纸	石油峰值点逼近，危机与机遇共存（对华盛顿大学 2006 年可持续性能源论坛的描述）
2006 年 9 月 27 日	报纸	空前能源危机将在 10 年内到来？（对国外专家石油峰值争议内容的汇总）
2006 年 11 月 24 日	网络	战胜"石油终结"的阴影（对国外专家石油峰值观点的汇总）
2007 年 10 月 30 日	报纸	石油峰值："跳不出的'生命旋回'"（采访国内专家，支持石油峰值）
2007 年 11 月 1 日	报纸	石油峰值何时来临？（对国内外专家石油峰值争议内容的汇总）
2007 年 11 月 9 日	报纸	石油峰值，对我们意味着什么？（采访国内专家，模糊描述对石油峰值的态度）

续表

时间	渠道	论述内容
2007年11月9日	报纸	正确应对峰值，推进新能源发展（采访全球石油峰值研究会主席谢尔·阿列克列特）
2008年8月14日	报纸	石油峰值论之终结（评论，支持石油峰值）
2009年6月12日	网站	世界石油产量进入峰值平台期（来自中国石油峰值小组）
2009年7月8日	报纸	石油峰值就在眼前（来自中国石油峰值小组）
2009年8月	周刊	专家称：寄望油价下调，更应重视"石油峰值"（采访国内专家，支持石油峰值）
2009年8月	周刊	中国汽车业如何顺应"后石油时代"（国内研究者对石油峰值的支持言论）
2009年8月3日	报纸	全球石油枯竭速度超出预期（对国内外专家石油峰值争议内容的汇总）
2009年8月4日	报纸	当石油峰值来临（来自中国石油峰值研究小组）
2009年8月12日	报纸	正视"后石油时代"（来自中国石油峰值研究小组）
2009年9月7日	报纸	石油峰值即将到来？（对国内专家对石油峰值争论的采访）
2009年9月14日	报纸	专家激辩"石油峰值论"（对国内专家对石油峰值争论的采访）
2010年1月	周刊	"石油峰值"之辩（对国内专家对石油峰值争论的采访）
2010年4月26日	报纸	美军提"石油峰值"传递何信息？[对美国军方发布《联合作战环境2010》(Joint Operating Environment)后的评述]
2010年6月8日	报纸	石油峰值，应对行动是关键（采访澳大利亚石油峰值研究协会召集人布鲁斯·罗宾逊）
2010年9月30日	网站	全球煤炭"生产峰值"将在2011年临近（翻译国外文章）
2010年11月29日	报纸	石油峰值已是过去时？（翻译国外文章）
2011年1月25日	报纸	如果"后石油时代"真的来临？（来自中国石油峰值小组）

学术期刊上也有一些报道石油峰值的内容，但只是对国外文章的翻译，如《石油峰值后的世界》《"石油峰值论"乃无稽之谈？》《美国、中国、石油峰值和新自由主义的终结》《即将到来的巨大挑战：石油峰值与能源帝国主义》《全球粮食系统可持续性与安全：石油峰值、气候变化及淡水缺乏所带来的挑战》《石油峰值

提前到来?》。这些文章虽大部分都是支持石油峰值的，但是并没有引起太多关注和讨论，只是将其作为文献翻译。

四 在我国的未来发展

从上述国家政府部门的工作人员和石油公司部分研究专家的观点来看，反对石油峰值的声音远远超过了支持的声音。如果按照石油峰值四个阶段来看的话，中国的石油峰值研究现在还仅仅停留在第二阶段，即"它是错的"。而且，中国也不像美国、瑞典等国家从政府整体层面出台了很多报告。中国并没有政府层面以及三大石油公司最终决策者层面的总体的表态和言论，同时中国的各省也没有表明态度。因此，如果这样看待石油峰值在中国的争论的话，那么上述来自各个领域的专家的言论也仅仅属于学术界的观点和看法。中国政府和石油公司整体并没有重视对石油峰值的研究，也没有任何的态度可以供我们评论。关于石油等能源资源的问题是关系到国家战略和长远发展的问题，就算石油峰值在中国吵得更加厉害，也没有什么影响。因为中国是一个从上至下的治理过程，政策方针指导着工业，进而指导着社会公众的行为。如果不能引起政策制定者和公司战略制定者的重视，就算是争论上升到极为严重的程度，也是没有意义的。

但是，在实际行动上，中国的政府却一直在倡导节约能源，中国的三大石油公司也在努力发展国外业务，也在努力"找油"。然而，这些都不是以石油峰值的名义，也没有深入公众层面。因为任何一点点的负面消息都会造成中国庞大人口的恐慌，尤其是在能源领域的负面消息。

一方面是不承认石油峰值，倡导节约能源并鼓励找油；另一方面是承认石油峰值，唤起公众的重视，从而节约能源。中国政府会选择哪种方式，对未来的经济社会发展至关重要。中国是一个人口庞大的国家，再多的资源除以人数以后也会变得很少，再小的事情乘以中国的人口数之后也会变得很大。因此，如果承认石油峰值，并采取合理的方式向公众宣传石油峰值，将会大大减少能源的消费量。但是，困难是选择怎样的方式向公众宣传，而不引起恐慌和不必要的社会动荡。爱因斯坦曾经说，西方之所以暂时优于东方，是因为西方形式逻辑思维体系的早期建立和近代实证主义/科学的发展，而中国就不具有这种严密的逻辑思维体系。这是我们的缺陷，中国的模拟非常强，中国有成语典故，故事映射很多内容，但是在宣传石油峰值的问题上如果再讲故事的话就显得空洞，就会引起不信任和不满情绪。我们现在需要严密的逻辑推演向公众讲述能源资源的有限性和不可再生性，使大家对石油资源的特点有所认识，意识到节约能源与可持续发展的根源。

石油峰值在中国的发展并不是希望其争论能够在中国扩展到什么范围，重点是石油峰值对中国的能源消费起到多大程度的作用。石油峰值能够深入社会公众层面，能够从下至上地发挥作用，才应是石油峰值给中国，甚至是世界以警告的地方，才是石油峰值值得讨论的地方。如果我们单单还是争论峰值是否会来临，峰值什么时候会来临，以及技术的进步是否能使我们取得更多的能源，这些都是没有什么意义的。石油峰值的最大意义就是改变中国甚至是改变全世界的行为。

第三节 能源回报与化石能源峰值

一 能源回报与化石能源峰值

自 Hubbert 成功预测美国 48 个州的石油产量峰值后，世界各国的研究者和能源组织机构都纷纷开始对石油峰值产量和峰值时间进行预测和分析，并对石油峰值后的产量递减趋势做了大量探讨。在研究石油峰值的问题时，很多学者都将目光集中于此。但是，石油峰值理论对世界究竟意味着什么？我们应当思考的并不是石油储量还有多少，而是有多少剩余的能源还可以经济性地开采出来、有多少可以真正被社会所用。目前，针对石油峰值和 EROI 值之间具体的数学关系的计算还没有研究结果，但是从美国石油产量数据中可以发现，当美国在 1970 年达到石油产量峰值后，EROI 值也达到了峰值[28]。

许多研究者常常吹捧技术进步既可以延缓化石能源产量峰值的到来，又能够满足世界对石油的需求量。而另一方则认为技术终究不能创造能源，只能使能源从一种形式更加高效地转变成另一种形式，化石能源产量峰值不可避免。而 EROI 值能够较好地评判在技术进步与石油枯竭的"赛跑"中，谁究竟是获胜者[29]。图 3-5 和表 3-8 描述了资源量或产量在不同阶段下，EROI 值的变动情况。

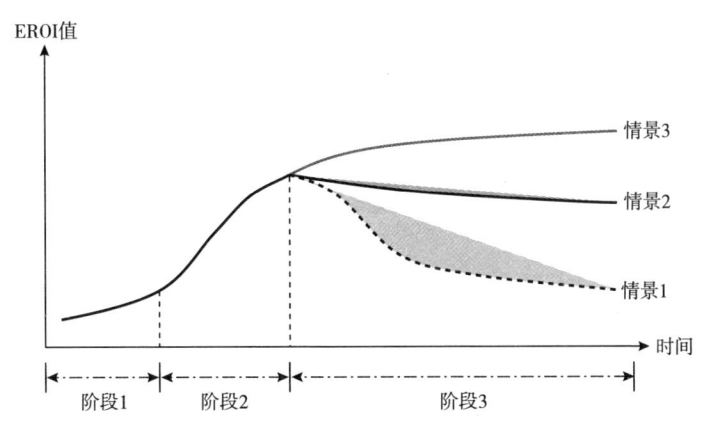

图 3-5　EROI 变动曲线示意

表 3-8　资源量与技术水平对 EROI 值变动的影响

阶段		资源量及开采难度	技术水平	EROI 值
阶段 1		资源丰富，开采难度大	技术水平低	较小
阶段 2		资源较丰富，开采难度减小	技术水平逐渐增强	保持不变或逐渐增大
阶段 3	情景 1	资源量逐渐减少，开采难度加大	技术进步受阻，无法突破	逐渐减小
	情景 2		技术进步较快	维持稳定
	情景 3		重大技术突破	增长

二　得到的启示

（一）转变传统观念，重视化石能源的稀缺性并及早采取应对措施

传统观点认为化石能源资源是取之不尽、用之不竭的，但实际上全球化石能源资源十分有限。在这样的背景下，唯有转变传统的生产与消费观念，才能实现经济社会的可持续发展。针对这一问题，一是应当正视化石能源峰值而不是选择逃避或大力批判，化石能源的不可再生性决定了耗竭性，这是一种不可逆转的客观规律。二是对化石能源峰值所带来的影响和风险给予足够的重视，

石油峰值并不是要加大人们的恐慌，而是要使人们意识到危机感，引起人们足够的重视。三是及早采取应对措施，提前谋划后石油时代背景下经济社会的可持续发展战略。例如，在生产领域，要加快工业改组和结构化升级，调整产业和产品结构，大幅提高能源利用效率；在消费领域，必须认识到节约化石能源资源既是发展能源、缓解能源供需矛盾的需要，也是改善环境的迫切需求，倡导文明的生活方式，减少汽车的使用。当然，化石能源峰值也是一把双刃剑，在给经济社会带来压力的同时，也会推动新能源和能源高效利用技术的发展与应用，从而推动世界低碳经济的早日到来。

（二）加快技术进步，缓解化石能源资源的耗竭程度

化石能源的开采生产速度超过了形成速度，导致其存量的有限性。为了满足不断攀升的需求，生产必然经历一个先上升，随后又由于有限性而无法再上升的过程。同时，化石能源 EROI 值会呈现先上升后下降的整体趋势，EROI 值上升时说明技术进步对生产的"提升"作用大于能源耗竭的"下拉"作用，下降时说明技术进步已经无法抵抗自然资源的有限性和耗竭性，EROI 值反映了技术进步与资源耗竭相互抗衡的结果。本书将对我国化石能源 EROI 值进行测算与分析，后续的研究结果将说明 EROI 值在解释化石能源峰值时所起的作用。虽然化石能源产量依然呈现上升趋势，但是我国在化石能源生产方面的技术进步程度已经不能完全抵抗其耗竭速度，净能源量的峰值也会早于产量峰值出现。为了对抗化石能源资源耗竭速度以及 EROI 值不断降低的趋势，应主要推动两方面的技术进步：第一，降低能源生产过程中所需设备工

具的隐含能，例如，降低发电机制造过程中对化石能源的消耗量；第二，三种化石能源的热效率随着时间的推移都将接近最大值，并不是一直呈上升趋势，因此未来不仅要考虑技术带来的生产效率的提高，而且需要将这一"顶板"值提高，本书后续将进一步说明该问题。

参考文献

[1] Hubbert, M. K., "Energy from Fossil Fuels," *Science*, 1949, 109 (2823): 103-109.

[2] Campbell, C., Laherrère, J., "The End of Cheap Oil," *Scientific American*, 1998, 278 (3): 78-83.

[3] 冯连勇、陈大恩:《国际石油经济学》，石油工业出版社，2012。

[4] Nel, W. P., Cooper, C. J., "Implications of Fossil Fuel Constraints on Economic Growth and Global Warming," *Energy Policy*, 2009, 34 (37): 166-180.

[5] Aleklett, K., Hook, M., Jakobsson, K. et al., "The Peak of the Oil Age – Analyzing the World Oil Production Reference Scenario in World Energy Outlook 2008," *Energy Policy*, 2010, 38: 1398-1414.

[6] Bentley, R. W., "Global Oil & Gas Depletion: An Overview," *Energy Policy*, 2002, 34: 189-205.

[7] Sorrell, S., Speirs, J., Bentley, R. et al., "Shaping the Global Oil Peak: A Review of the Evidence on Field Sizes, Reserve Growth, Decline Rates and Depletion Rates," *Energy*, 2011, 23: 1-16

[8] Robert, J. B., "Logistic Curves, Extraction Costs and Effective Peak Oil," *Energy Policy*, 2012, 12 (51): 586-597.

[9] Bentley, R. W., "Global Oil & Gas Depletion: An Overview," *Energy Policy*,

2002, 34: 189 - 205.

[10] Mohr, S. H., Evans, G. M., "Long Term Forecasting of Natural Gas Production," *Energy Policy*, 2011, (39): 5550 - 5560.

[11] Maggio, G., Cacciola, G., "When Will Oil, Natural Gas, and Coal Peak?" *Fuel*, 2012, 56 (98): 111 - 123.

[12] Mohr, S. H., Evans, G. M., "Forecasting Coal Production Until 2100," *Fuel*, 2009, 88 (11): 2059 - 2067.

[13] Rutledge, D., "Estimating Long - term World Coal Production with Logic and Probit Transforms," *International Journal of Coal Geology*, 2010, 85 (1): 23 - 33.

[14] Höök, M., Zittel, W., Schindler, J. et al., "Global Coal Production Outlooks Based on a Logistic Model," *Fuel*, 2010, 89 (11): 3546 - 3558.

[15] Patzek, T. W., Croft, G. D., "A Global Coal Production Forecast with Multi - Hubbert Cycle Analysis," *Energy*, 2010, 35 (8): 3109 - 3122.

[16] Robert, C., Milici, Romeo, M. et al., "Coal Resources, Reserves and Peak Coal Production in the United States," *International Journal of Coal Geology*, 2012, 103 (2): 32 - 39.

[17] 翁文波：《预测论基础》，石油工业出版社，1984。

[18] 陈元千、胡建国：《预测油气田产量和可采储量的 Weibull 模型》，《新疆石油地质》1995 年第 3 期。

[19] 陈元千、胡建国：《预测油气田产量和可采储量的 Weibull 模型》，《新疆石油地质》1995 年第 3 期。

[20] Feng, L. Y., Li, J. C., Zhao, Q. F. et al., "Forecast and Analysis of China's Oil Supply and Demand Based on the Peak Oil Model," *Oil & Gas Journal*, 2008, 6: 43 - 47.

[21] Feng, L. Y., Li, J. C., Pang, X. Q., "China's Oil Reserve Forecast and Analysis Based on Peak Oil Models," *Energy Policy*, 2008, 36: 4149 - 4153

[22] Zhao, L., Feng, L. Y., Hall, C. A., "Is Peakoilism Coming?" *Energy Policy*, 2009, 37: 2137.

[23] Wang, J. L., Feng, L. Y., Zhao, L. et al., "A Comparison of Two Typical Multicyclic Models Used to Forecast the World's Conventional Oil Production," *Energy Policy*, 2011, 39: 7616 - 7621.

[24] Tao, Z. P., Li, M. Y., "What is the Limit of Chinese Coal Supplies—A STELLA Model of Hubbert Peak," *Energy Policy*, 2007, 35 (6): 3145 - 3154.

[25] Lin, B. Q., Liu, J. H., "Estimating Coal Production Peak and Trends of Coal Imports in China," *Energy Policy*, 2010, 1: 512 - 519.

[26] Jianliang Wang, Lianyong Feng, Gail, E. T., "An analysis of China's Coal Supply and Its Impact on China's Future Economic Growth," *Energy Policy*, 2013, 35 (11): 671 - 683.

[27] Jianliang Wang, Lianyong Feng, Lin Zhao et al., "China's Natural Gas: Resources, Production and Its Impacts," *Energy Policy*, 2013, 55: 690 - 698.

[28] Nate Hagens, "Ten Fundamental Principles of Net Energy," www.theoildrum.com/node/2211.

[29] Gately, M., "The EROI of U. S. Offshore Energy Extraction: A Net Energy Analysis of the Gulf of Mexico," *Ecol. Econ*, 2007 (63): 355 - 364.

[30] 国家统计局能源统计司：《中国能源统计年鉴2011》，中国统计出版社，2012。

[31] BP：《世界能源统计年鉴2012》，www.bp.com。

[32] 黄忠、李瑞峰：《"十二五"期间我国煤炭供需分析与预测》，《中国煤炭》2010年第36期。

[33] Hubbert, M. K., Paper presented at the Spring Meeting of the Southern District Division of Production, American Petroleum Institute Spring Meetings. Nuclear

Energy and the Fossil Fuels. 1956.

[34] Hemmingsen, E., "At the Base of Hubbert's Peak: Grounding the Debate on Petroleum Scarcity," *Geoforum*, 2010, 41: 531 – 540.

[35] 陈元千:《对翁氏预测模型的推导及应用》,《天然气工业》1996 年第 2 期。

[36] 陈元千、胡建国:《对翁氏模型建立的回顾及新的推导》,《中国海上油气(地质)》1996 年第 5 期。

[37] 袁自学、陈元千:《预测油气田产量和可采储量的瑞利(Rayleigh)模型》,《中国海上油气(地质)》1996 年第 2 期。

[38] 黄伏生、赵永胜、刘青年:《油田动态预测的一种新模型》,《大庆石油地质与开发》1987 年第 4 期。

[39] 胡建国、陈元千:《t 模型的推导、应用及讨论》,《天然气工业》1995 年第 4 期。

[40] 胡建国、陈元千、张盛宗:《预测油气田产量和可采储量的新模型》,《石油学报》1995 年第 1 期。

[41] Hubbert, M. K., Energy Resources. National Academy of Sciences, National Research Council, Washington D. C. 1962.

[42] Hubbert, M. K., Degree of Advancement of Petroleum Exploration in the United States. The American Association of Petroleum Geologists Bulletin. 1967, 51 (11): 2207 – 2227.

[43] 陈元千、胡建国、张栋杰:《Logistic 模型的推导及自回归方法》,《新疆石油地质》1996 年第 2 期。

[44] 张抗:《从石油峰值的方法论剖析石油枯竭说》,《中外能源》2008 年第 5 期。

[45] Alfattah, S. M., Startzman, R. A., Analysis of Worldwide Natural Gas Production, SPE Eastern Regional Conference and Exhibition, Charleston West Virginia, 1999: SPE 57463.

［46］冯连勇、王建良、赵林：《预测天然气产量的多循环模型的构建及应用》，《天然气工业》2010年第7期。

［47］周总瑛、唐跃刚：《我国油气资源评价现状与存在问题》，《新疆石油地质》2004年第5期。

［48］李景明、刘圣志、李东旭、马硕鹏：《中国天然气探勘形式及发展趋势》，《天然气工业》2004年第12期。

［49］中国工程院：《中国可持续发展油气资源战略研究》，2004。

［50］国土资源部、国家发改委、国家财政部：《新一轮全国油气资源评价》，2005（未公开出版研究报告）。

［51］国土资源部：《新一轮全国油气资源评价结果》，《资源导刊》2008年第9期。

［52］中国煤炭地质总局：《中国煤炭资源预测与评估》，科学出版社，1999.

［53］Rutledge, D., "Estimating Long – term World Coal Production with Logit and Probit Transforms," *International Journal of Coal Geology*, 2010, 85（1）: 23 – 33.

［54］《中国统计年鉴2010》，中国统计出版社，2011。

［55］国土资源部：《2001年全国矿产资源储量通报》，国土资源部信息中心编制，2001.

［56］国土资源部：《2003年全国国土资源报告》，地质出版社，2004.

［57］IEA. Cleaner Coal in China. 2009, http：//www.iea.org/textbase/nppdf/free/2009/coal_china2009.pdf.

［58］Wang, J. Z., Dong, Y., Wu, J. et al., "Coal Production Forecast and Low Carbon Policies in China," *Energy Policy*, 2011, 39（10）: 5970 – 5979.

［59］国土资源部：《2006年全国矿产资源储量通报》，国土资源部信息中心编制，2006。

［60］国土资源部：《2007年全国矿产资源储量通报》，国土资源部信息中心编制，2007。

[61] 钱伯章：《世界石油生产达峰值：孰是孰非？》，《中国石化》2007 年第 3 期。

[62] 王娜：《中国 2015 年将迎来"石油峰值"》，《21 世纪经济报道》2007 年第 31 期。

[63] 钱伯章：《中国石油和天然气生产峰值的研究现状》，《炼油技术与工程》2009 年第 39 期。

[64] 汪孝宗：《石油峰值之争：是科学理论，还是油价炒作的"噱头"？》，《中国经济周刊》2009 年第 34 期。

[65] 吴东华：《石油峰值论不攻自破》，《中国证券报》2010 年第 6 期。

[66] 张抗：《从哈伯特的两次石油峰值预测说起》，《石油科技论坛》2008 年第 6 期。

[67] 张抗：《从石油峰值论到石油枯竭论》，《石油学报》2009 年第 1 期。

[68] 胡文瑞：《用发展的眼光看待油气峰值》，《中国石油石化》2011 年第 9 期。

[69] 胡森林：《"石油峰值"的魅影》，《中国能源报》2010 年第 27 期。

[70] 徐锭明：《坚持科技创新积极开拓市场》，《中国科技投资》2009 年第 4 期。

[71] 徐锭明：《科技决定能源未来》，《中国科技投资》2009 年第 1 期。

[72] 管清友：《石油峰值改变国际政经版图》，《中国证券报》2010 年 6 月 21 日。

[73] 林伯强：《石油峰值的坏消息和好消息》，《21 世纪经济报道》2007 年 7 月 29 日。

[74] 郝鸿毅、胡燕、冯连勇等：《石油峰值的真相与谎言——国际大石油公司面对峰值的态度与行为》，《国外社会科学》2008 年第 5 期。

[75] 曹湘洪：《后石油时代就在眼前》，《中国石油和化工》2009 年第 4 期。

[76] 中国石油峰值研究小组，http：//www.cup.edu.cn/peakoil/。

[77] 陈元千：《我国未来石油产量和最终可采储量的预测》，《石油科技论坛》

2003 年第 1 期。

[78] 俞启泰:《中美石油产量与可采储量预测》,《新疆石油地质》2002 年第 3 期。

[79] 唐旭、张宝生、邓红梅、冯连勇:《基于系统动力学的中国石油产量预测分析》,《系统工程理论与实践》2010 年第 2 期。

[80] 张抗:《对中国石油可采资源量的讨论》,《石油与天然气地质》2003 年第 1 期。

[81] 钱基:《关于中国油气资源潜力的几个问题》,《石油与天然气地质》2004 年第 4 期。

[82] 周总瑛、唐跃刚:《我国油气资源评价现状与存在问题》,《新疆石油地质》2004 年第 5 期。

[83] 李景明、刘圣志、李东旭、马硕鹏:《中国天然气探勘形式及发展趋势》,《天然气工业》2004 年第 12 期。

[84] 黄晓芳:《全国油气资源动态评价 2010》,《经济日报》2011 年 11 月 25 日。

[85] Dooleya, J. J., Dahowski, R. T., "Large-Scale U. S. Unconventional Fuels Production and the Role of Carbon Dioxide Capture and Storage Technologies in Reducing Their Greenhouse Gas Emissions," *Energy Procedia*, 2009, 1: 4225-4232.

[86] Gavrilova, O., Vilu, R., Vallner, L., "A Life Cycle Environmental Impact Assessment of Oil Shale Produced and Consumed in Estonia," *Resources, Conservation and Recycling*, 2010, 55: 232-245.

[87] Howarth, R. W., Ingraffea, A., "Natural Gas: Should Fracking Stop?" *Nature*, 2011, 477: 271-275.

第四章 能源回报的测算方法

EROI 理论改变了传统"总量"的分析角度,从"净量"角度出发评价能源生产价值及其相关问题。EROI 已经在国外学术界得到广泛发展,相比之下,我国关于 EROI 的研究内容更多出现在新闻报道中,而且存在理解上的偏差。因此,本书有必要系统梳理 EROI 这一新理论的基本含义和重要内容,以便为后续计算我国化石能源的 EROI 值打下理论基础。

第一节 计算边界

由于 EROI 分析缺乏一个统一的标准,对于计算过程中分子和分母的确定也各有不同,因此产生了多种甚至是相互矛盾的结果,进而影响其应用及其优势的发挥。尽管计算方法框架已经建立[1,2],但并没有形成统一标准,后来的计算也很少能够严格按照这样的标准进行。从表面上看,EROI 值就是产出与投入的比值,但在其计算过程中涉及非常多的影响因素。因此,本书试图给出一个简单可行、应用性较强的 EROI 值计算标准。

一　重要性

对于一个完整的 EROI 分析系统来说，正确地选择计算边界是至关重要的一步，但这经常被一些研究者所忽略。例如，在研究生物燃料的过程中，表面上看各项研究结果都采用了相同的边界，但却因为使用了不同的投入和产出，其边界是不同的，也是不可比较的[1]。因此，EROI 值的计算标准需要清晰地考虑其边界特性、可比较性以及可用性。这一标准的建立和统一与全生命周期评价理论（LCA）制定计算标准的步骤相仿。

在 EROI 理论发展过程中，Kenneth Mulder 等[2]、Charles Hall 等[3]、David Murphy 等[2]分别提出了 EROI 计算边界，但依然存在问题，以上三者研究中的优缺点如表 4-1 所示。

表 4-1　三种边界研究中存在的缺点与优点

"边界"研究者	缺　点	优　点
Kenneth Mulder 等	生产边界不明确； 忽略了直接原材料及间接能源的投入； 无统一的命名	明确了各种投入怎样计算
Charles Hall 等	没有对能源产出和投入做出分析	提出了逐层递进边界； 命名了不同边界下的公式
David Murphy 等	设定的投入层次混乱； 没有突出环境外部性治理的能源投入	较前两者提出了更加明确的边界及投入

实际上，只要将能源生产过程中的产出与投入要素确定以后，计算边界也就不难确定，或者说计算边界的选取依赖产出投入数据的种类和特点。下面，本书就产出投入进行详细论述。

二 产出边界

EROI 边界依据生产链及相应的产出而确定,称为"一维边界",其决定了 EROI 公式的分子。以原油资源为例,说明不同边界下的产出情况(见图 4-1)。其中,边界 1 称为"提取边界"(Mine-mouth Gate),产品如原油;边界 2 称为"中间产品转换边界"(Processing/Refinery Gate),产品如汽油、柴油;边界 3 称为"运输边界"(Point of Use Gate),与中间产品转换边界取得的产品类型一样,但由于运输条件的不同,产出类型会出现不同,如天然气转换成 LNG 用于运输;边界 4 称为"最终使用边界"(Final Demand Gate),产品与边界 3 一样。

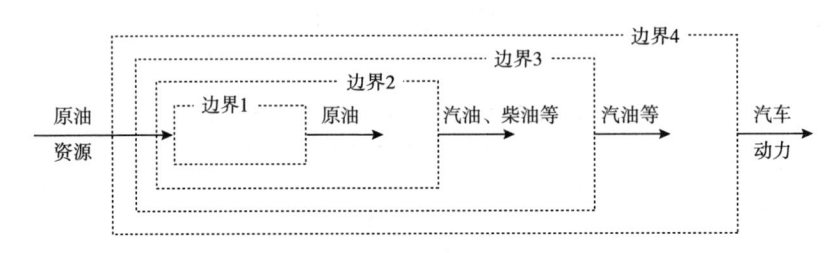

图 4-1 不同边界下的产出情况

三 投入边界

EROI 中"二维边界"指的是生产过程中的投入要素,其决定了 EROI 公式中的分母。投入分为五大层级[2],分别是直接能源与直接原材料投入、间接能源与间接原材料投入、劳动力投入、政府服务投入、环境治理投入(见图 4-2)。

划分直接和间接投入的标准是:与生产过程(或称生产边界)产生直接联系的投入为直接投入,反之为间接投入。例如,石油

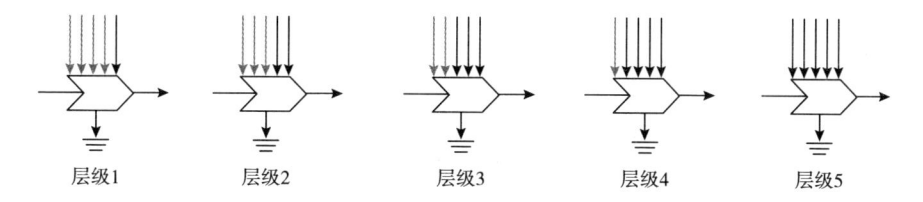

层级1　　　层级2　　　层级3　　　层级4　　　层级5

图4-2　EROI投入的五个层级

生产过程中设备消耗的汽油为直接能源投入，运送工人（直接劳动力投入）到工厂进行生产活动所消耗的汽油为间接能源投入；生物原料制造柴油的过程中需要水参与化学过程，而制造生物原料时也需要水用作灌溉，前者的水属于直接投入，后者就属于间接投入。其中，在生物质能源研究的过程中，Macedo等就很好地区分了直接投入和间接投入的差异。在第三个层级下，劳动力的投入同样可分为直接投入和间接投入，如直接参与生产的劳动者消耗的能源为直接投入，参与能源生产仪器制造的劳动者消耗的能源为间接劳动力。

上文仅描述了EROI投入和产出的市场因素，但是许多能源生产过程都伴随着对生态环境以及社会的影响，所以一个完整的能源生产评价应当考虑这些外部性[4]。本书将这种外部性分为正负两部分，其中，负的外部性包括土壤侵蚀、水污染、动物栖息地的破坏、粮食生产能力的降低等；正的外部性包括就业率的提高等。计算方法也包括两种。一是将外部性指标从整个EROI值计算标准中分离出来单独计算，这种方法对于评价某一能源生产过程非常有用，而且能明确知道是哪一种因素限制了产量的增长。二是将其转化为焦耳量，加入到更高层次的EROI值计算标准中。也就是说，将用于防止或者减缓这种负面影响所消耗的能源量加入到EROI值的计算中[5,6]。此外，如果数据的可得性较好，还可以计算"包被"外部性,即间接能源投入产生的外部性。

第二节 计算公式与计算方法

一 计算公式

标准的 EROI 值计算方法是将各种产出和投入全部转换成热当量后直接加总,公式可表示为:

$$EROI = \frac{\sum_{i=1}^{n} E_i^O}{\sum_{i=1}^{n} E_i^I} \qquad (4.1)$$

其中,E_i^O 和 E_i^I 分别为第 i 种能源产出和投入的热当量值。

将不同能源的质量因子加入到标准 EROI 公式中后,得到:

$$EROI = \frac{\sum_{i=1}^{n} \lambda_i E_i^O}{\sum_{i=1}^{n} \lambda_i E_i^I} \qquad (4.2)$$

其中,λ 表示第 i 种能源的质量因子。

二 计算方法

(一)投入产出法

本书提出的这种方法不是指利用投入产出表,而是针对既定的研究对象,划分出生产过程中的主要产出是什么、主要投入是什么(见图 4-3)。这种方法在化石能源 EROI 值计算中出现较多。

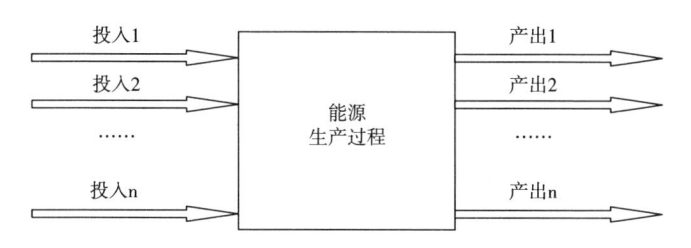

图 4-3 投入产出法计算 EROI 值

（二）过程分析法

过程分析法是将能源生产系统描述出来，类似于全生命周期方法，区分整个生产过程中的所有产出与投入，再进行比值计算。这种方法在可再生能源（如太阳能、风能、生物质能等）的 EROI 研究中出现较多。以生物乙醇为例，说明过程分析法的使用：首先建立生物乙醇生产过程/加工工艺简图（见图 4-4），进而在完成数据统计的基础上，画出生物乙醇生产过程/加工工艺的能源流图（见图 4-5）。

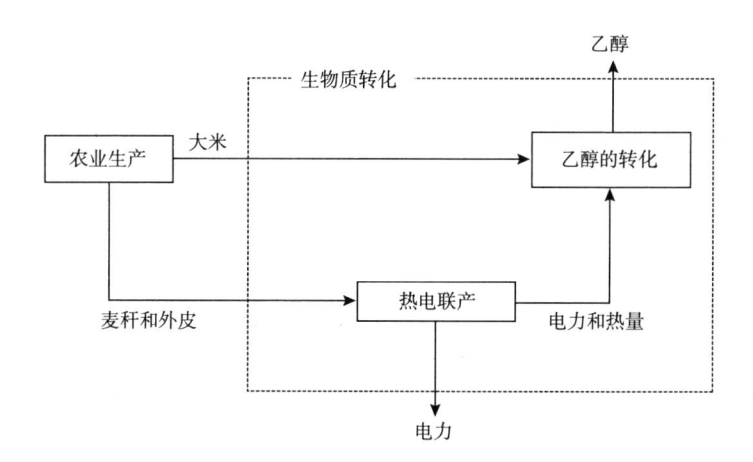

图 4-4 生物乙醇的生产过程/加工工艺

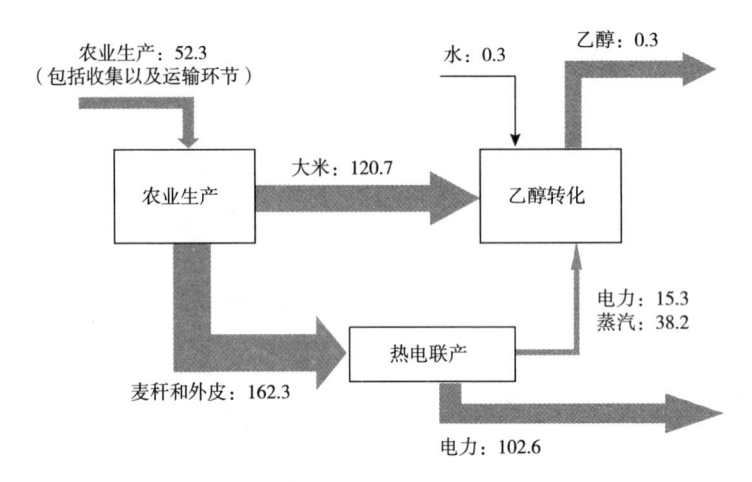

```
农业生产：52.3
（包括收集以及运输环节）              水：0.3      乙醇：0.3

        ┌────────┐   大米：120.7   ┌────────┐
        │ 农业生产 │ ──────────→ │ 乙醇转化 │ ───→
        └────────┘                └────────┘
             │                         ↑
             │                         │ 电力：15.3
             │                         │ 蒸汽：38.2
             │  麦秆和外皮：162.3   ┌────────┐
             └──────────────→ │ 热电联产 │ ───→
                                  └────────┘
                                       │
                                       ↓ 电力：102.6
```

图 4-5　生物乙醇生产过程/加工工艺的能源流

第三节　关键要素

一　能源加总

在产出投入的热当量比值公式下，需要将分子和分母中的能源都转化成热量单位，但是忽略了能源质量，因为热量只是衡量能源本身的一个属性，并没有考虑能源的使用用途和所处的不同系统。例如，一单位 btu 电力的价值要高于同等单位 btu 煤炭的价值，相同单位的电力价格要高于煤炭价格，这正是由能源质量的差异造成的。因此，需要将能源质量考虑到计算中，如何对不同能源进行加总、选择何种方法是问题的关键。本书结合我国学者[7]的研究成果及本书的补充扩展，比较四种不同的能源加总方法。

（一）能值加总法

20 世纪 80 年代，Howard T. Odum 提出了能值的概念，认为地下能源、自然界物质或者经济产品均来源于太阳能，它们包含的太阳能量的大小称为太阳能值，或称为包被能，单位以 sej 表示。其中，能源的能值（sej）= 太阳能值转化率（sej/J）× 热当量（J），太阳能值转换率为形成 1 焦耳的某种能源所消耗的太阳能，该数值越高说明能源的质量越高，具有较高的经济价值。能值加总法可以将不同能源转换为具有相同性质的能值，使得能源之间具有相同的衡量标准。但是，公式中涉及的太阳能值转换率是从环境生态学的视角反映某种能源质量的大小，并不能体现某种能源的做功能力、安全性、清洁性等。此外，太阳能值转换率的取得是实际计算过程中最大的难点所在，时间、空间以及技术上的差异使得同一种能源的太阳能值转换率具有较大的差异。因此，该方法在实际的使用中存在很大的局限性。

（二）㶲分析加总法

在热力学领域，能源质量指能源中的总能量（q）可以转化为有用功的能力，用名词"㶲"表示，用字母 q_x 表示，总能量的其余部分用 A_n 表示。q_x 占总能量的比重越高，其能源质量（$\lambda = q_x/q$）也就越高。其中，电能是质量最高的能源，其所含能量可以全部转化为功。㶲分析加总法就是以㶲占总能量的比重作为能质因子，加总公式为 $Q_E = \sum_{i=1}^{n} \lambda_i q_i$，其中 λ 根据热力学第二定律原理通过 $\lambda = 1 - \frac{T_0}{T_1 - T_0} \ln \frac{T_0}{T_1}$ 得到，T_0 代表环境温度，T_1 代表该种形式能源对外做功时的温度[8]。㶲分析加总法从能源本身的物理化学性质上反映了能源质量，但是该方法也仅仅是从热力学的角度衡量，忽略了能源的其他经济价值，也存在一定的缺陷。

（三）相对价格法

新古典主义经济理论认为，能源是一种商品，其质量的大小可以通过市场体现出来。某种能源的边际产量是经济活动在利用该能源以后所增加的产品或服务的价值，能源质量的差异可以通过各自的边际产量体现出来。理论上，单位热当量的某种能源价格与该种能源的边际产量是对等的，同时现有实证分析也表明价格的确能反映出各种能源的边际产量值，由此能源的质量属性就可由价格来衡量，能源质量用相对价格来表示。但是，该方法仍存在不足，能质因子受基准能源价格的变动影响较大，同一能源的热当量的权重会因选取的基准能源不同而发生改变，基准能源价格可能会随时间发生变动，进而影响能源的加总，最终限制了相对价格法在实际中的应用。

（四）Divisia 指数法

1976 年，有研究者指出能源总量具有弱分离的性质，且 Divisia 指数可以较好地描述不同能源在质量上的差别。后来，Cleveland[9]利用 Divisia 指数对化石能源进行了加总，这就克服了相对价格法的弊端。但是均没有给出其推导过程。基于此，本书通过推导 Divisia 指数来介绍不同能源的加总方法。

假定存在一个价值量，包含了 n 种能源的价值：

$$V_t = \sum_{i=1}^{n} p_{it} q_{it} \quad (t = 0, 1, 2, \ldots, T) \tag{4.3}$$

两边对时间 t 求全微分：

$$dV_t = \sum_{i=1}^{n} q_{it} dp_{it} + \sum_{i=1}^{n} p_{it} dq_{it} \tag{4.4}$$

经变换：

$$\frac{dV_t}{V_t} = \sum_{i=1}^{n} \frac{q_{it}p_{it}}{V_t}\frac{dp_{it}}{p_{it}} + \sum_{i=1}^{n} \frac{p_{it}q_{it}}{V_t}\frac{dq_{it}}{q_{it}} \quad (4.5)$$

以 Divisia 数量指数为基础做进一步推导：

$$\frac{dq(t)}{q(t)} \underset{=}{\Delta} \sum_{i=1}^{n} \frac{p_{it}q_{it}}{V_t}\frac{dq_{it}}{q_{it}} \quad (4.6)$$

求关于时间 [0, T] 的积分，得到 Divisia 数量指数：

$$D_q(T) \underset{=}{\Delta} \frac{q(T)}{q(0)} = esp\left[\int_{t=0}^{T} \frac{dq(t)}{q(t)}\right] \quad (4.7)$$

对等式两边取对数后，进一步推导：

$$\ln(D_q(T)) = \int_0^T \sum_{i=1}^{n} \frac{p_{it}q_{it}}{V_t}\frac{dq_{it}}{q_{it}} = \int_0^T \sum_{i=1}^{n} \omega_i(t) d\ln(q_i(t)) \quad (4.8)$$

其中，$\omega_i(t) = \frac{p_{it}q_{it}}{\sum_{i=1}^{n} p_{it}q_{it}}$ （$i = 1, 2, \cdots, n; t = 0, 1, \cdots, T$），且满足 $\omega_{it} \in [0, 1]$，$\sum_{i=1}^{n} \omega_{it} = 1$。

由于能源年产量和价格数据具有不连续性，例如我国成品油和天然气价格受国家控制而表现出间断性，所以需要考虑离散数据下的 Divisia 指数，即在区间 [0, T] 等距离插入 $m-1$ 个点进行离散化，同时，将能源化为热量值 E 并用价格区分其差异，得到：

$$\ln(E(T)) \approx \sum_{j=1}^{m} \sum_{i=1}^{n} [\omega_i(t_{j,j-1})(\ln E_i(t_j) - \ln E_i(t_{j-1}))] \quad (4.9)$$

其中，$\omega_i(t_{j,j-1}) = \frac{\omega_i(t_j) + \omega_i(t_{j-1})}{2}$，满足 $\omega_i(t_{j,j-1}) \in [0, 1]$，$\sum_{j=1}^{m} \sum_{i=1}^{n} \omega_i(t_{j,j-1}) = 1$。

将公式 4.9 简化，即对任意 $t \in [0, T]$ 得：

$$\ln E(t) - \ln E(t-1) = \sum_{i=1}^{n} \frac{\omega_i(t) + \omega_t(t-1)}{2} [\ln E_i(t_j) - \ln E_i(t_{j-1})] \quad (4.10)$$

将上述四种方法概括总结如表 4-2 所示。

表 4-2　能源加总的不同方法比较

方法	名称（代表人物）	质量因子说明	优点	缺点
传统方法	热当量法（一）	—	计算简单	忽视了各种能源的质量差异

传统方法→质量因子方法（包括物理加总法和经济加总法）
转变缘由：传统方法忽略了不同能源之间的差异，计算结果不准确，进而影响决策

方法	名称（代表人物）	质量因子说明	优点	缺点
物理加总法	蕴含能源法（Odum）	定义：生产一单位热当量某种特定燃料所需要的另外一种基准能量的数量，将太阳能作为基准能量 生产单位焦耳/热当量某种燃料所需要的太阳能焦耳/热当量越多，其质量因子越高，也具有更高的经济价值	解决了不同能源间衡量单位不同的问题	忽略了质量因子在时间、空间上的变化和能源利用情况在技术上的变化；应用困难
物理加总法	能源放射法（Ayres）	定义：能源放射法下的能源质量是指能源做机械功的能力，表示不同能量形式之间的物理性差异 某种能源的热当量乘以相应的 Carnot 因子 [1-(Ta/To)]，其中 Ta 和 To 是用开氏温度表示的转化过程环境温度和产出温度	解释了能量形式转化时的质量损失；可以度量自然资源和废物；适用于微观层面单个过程或能源技术的效率分析	需要度量转化过程的环境温度和产出温度

物理加总法→经济加总法
转变缘由：物理加总法忽略了能源质量的经济驱动力；用于宏观经济较为烦琐；经济加总法综合了能源的物理性质、利用技术、市场经济中的人的偏好

续表

方法	名称 (代表人物)	质量因子说明	优 点	缺 点
经济加总法	相对价格法	定义：从使用者的角度看，某种能源的价格能够反映其经济效用、物理因素，由此衍生出用价格衡量能源质量因子的相对价格法		
		每热量单位该能源和基准能源在 t 时段内的价格比值，即 $\lambda_i = \dfrac{p_i}{p_1}$，$p_i$ 为需要衡量的某种能源的热量价格，p_1 为基准能源热量价格	适用于宏观经济活动	基于能源相互之间可以完全替代的假设并不成立；受基准能源选择的影响较大；能源价格并不能完全反映其生产成本
	边际产品法	定义：多使用一个热量单位该能源所生产出的产品和服务的数量乘以产品和服务的相应价格		
		(同定义)	适用于宏观经济活动	没有反映其全部的社会和环境成本，边际产品价值难以衡量

二 转换系数

(一) 物理量的转换

本书中的物理量指能源产出量和投入量的物理单位，如吨、桶、立方米等。计算 EROI 值需要将这些不同种类的能源物理量转换为焦耳量，转换系数表来自《中国能源统计年鉴》(见表 4-3)。

表 4-3 不同能源物理量的转换系数

能 源	平均低位发热量
原煤	20.9 M joule/kg
洗精煤	26.3 M joule/kg

续表

能　　源	平均低位发热量
其他洗煤	
洗中煤	8.36M joule/kg
煤泥	8.36～12.5 M joule/kg
焦炭	28.4M joule/kg
原油	41.8 M joule/kg
燃料油	41.8M joule/kg
汽油	43.1 M joule/kg
煤油	43.1M joule/kg
柴油	42.7 M joule/kg
液化石油气	50.2M joule/kg
炼厂干气	46.1M joule/kg
天然气	38.9 M joule/cu.m
焦炉煤气	16.7～18.0 M joule/cu.m
煤焦油	33.5M joule/kg
电力（当量）	3.6M joule/kW·h

资料来源：《中国能源统计年鉴2012》。

（二）货币量的转换

大多数情况下，间接投入数据均以货币形式出现，将其转换为能量单位较为困难，因为它的能源转换系数是单位价值产出所消耗的能源量，也就是间接投入的包被能（公式4.11）。综合国内外所有相关指标的研究[10,11]发现，工业能源强度是间接能源转换系数最合适的代理变量（见图4-6）。在进行货币与能源单位转换时，需消除通货膨胀的影响。

$$包被能 = 能源强度 \times 间接投入 \quad (4.11)$$

但是，也有一些研究认为，整个国家或社会的能源强度也可以

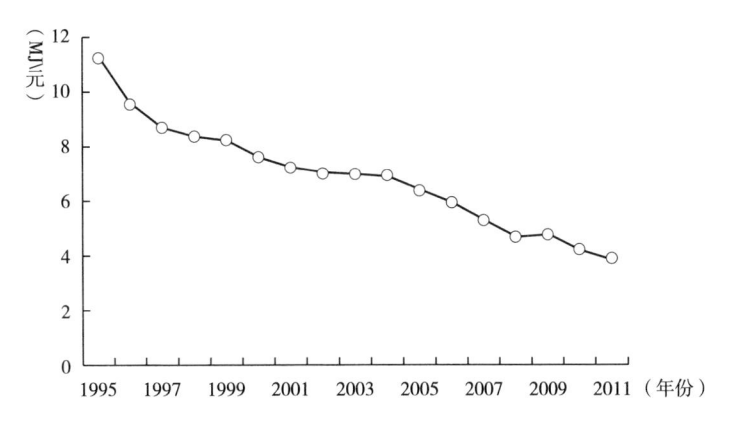

图 4-6　1995~2011 年我国工业能源强度

资料来源:《中国统计年鉴 2012》《中国能源统计年鉴 2012》。

反映包被能,例如一些设备、原材料的包被能不仅仅来自所有工业部门,也有一部分来自服务业等其他部门。因此,本书建议可用国家能源强度(见图 4-7)作为敏感性分析,以辨别 EROI 值在不同能源强度下的变动。

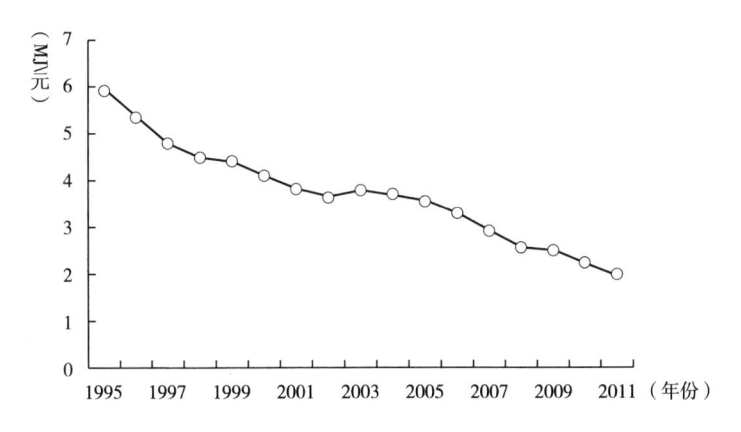

图 4-7　1995~2011 年我国国家能源强度

资料来源:《中国统计年鉴 2012》《中国能源统计年鉴 2012》。

第四节 建立标准

一 命名

根据上面的描述，在分析和计算 EROI 值前需要确定两个因素：一是选择什么样的边界，边界的产出是什么；二是投入的层级是什么。因此，可以说 EROI 值的计算需要根据两维的数据来确定。本书对已有 EROI 公式进行完善，并结合已有的命名方式，总结出两维度 EROI 分析表[12]（见表 4-4）。

表 4-4 EROI 两维计算方式及其命名

投入层级	研究边界			
	1. 提取（简写：mm）	2. 中间产品转换（简写：proc）	3. 运输（简写：pou）	4. 最终使用（简写：ext）
1. 直接能源及直接原材料投入（简写：d）	$EROI_{mm,d}$	$EROI_{proc,d}$	$EROI_{pou,d}$	$EROI_{ext,d}$
2. 间接能源及间接原材料投入（简写：id）	$EROI_{mm,id}$	$EROI_{proc,id}$	$EROI_{pou,id}$	$EROI_{ext,id}$
3. 劳动力投入（简写：lab）	$EROI_{mm,lab}$	$EROI_{proc,lab}$	$EROI_{pou,lab}$	$EROI_{ext,lab}$
4. 政府服务投入（简写：gov）	$EROI_{mm,gov}$	$EROI_{proc,gov}$	$EROI_{pou,gov}$	$EROI_{ext,gov}$
5. 环境治理投入（简写：env）	$EROI_{mm,env}$	$EROI_{proc,env}$	$EROI_{pou,env}$	$EROI_{ext,env}$

表 4-4 中，EROI 标识的第一个下标表示边界，第二个下标表示投入层级。由于多数情况下，EROI 分析都可得到直接和间接的能源与原材料数据，所以将 $EROI_{mm,d+id}$ 称为 $EROI_{stnd}$，作为 EROI 计算的标准（表 4-4 中的阴影部分），以后的研究均应含有这一层级的 EROI。数据的可得性越强，那么计算的层级就越高，EROI 的

计算下标应逐渐累加，如 $EROI_{mm,d+id+lab+gov+env}$，但为简便起见将其只表示成 $EROI_{1,env}$。该计算标准具有普遍适用性，任一能源生产过程均可利用该表得到相应结果，但在计算过程中还需特殊说明产出中是否包含副产品，以及能源加总时是否进行了质量校正。

选择不同的边界和投入水平会因不同的范围对结果产生相应影响。具体问题的分析计算中应根据研究目的、边界选取以及数据的可得性来选择计算公式。表 4-4 中的公式的准确性与精确性的比较如图 4-8 所示，其中上方圆点为 $EROI_{mm,d}$，其精确性最高、准确性最低，下方圆点为 $EROI_{ext,env}$，其精确性最低，准确性最高。

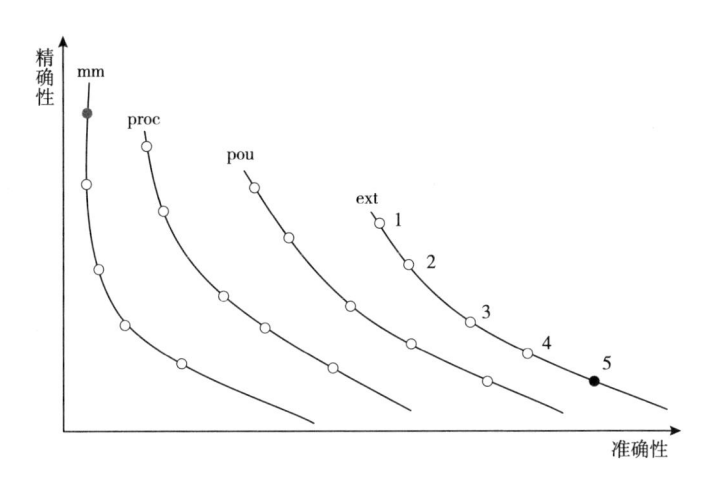

图 4-8　EROI 两维计算方式的准精性比较

二　标准公式

在实际应用中，$EROI_{mm,d}$ 为产出的能源量除以直接投入的能源量（公式 4.12），$EROI_{stnd}$ 为产出的能源量除以直接投入和间接投入的能源量总和（公式 4.13）。根据不同数据的特点，下述两个公式还需进一步扩充。

$$EROI_{mm,d} = \frac{\sum E_i^O}{\sum E_{d,i}^I} \quad (4.12)$$

$$EROI_{stnd} = \frac{\sum E_i^O}{\sum E_{d,i}^I + \sum M_i \times E_{ins}} \quad (4.13)$$

其中，$\sum E_i^O$ 表示 i 种能源产出的能源量总和；$\sum E_{d,i}^I$ 表示 i 种直接投入的能源量总和；$\sum M_i$ 表示 i 种间接投入的总和；E_{ins} 表示能源强度。

参考文献

[1] Kenneth, M., Nathan, J. H., "Energy Return on Investment: Toward a Consistent Framework. Royal Swedish Academy of Sciences," *Ambio*, 2008, 37 (2), 78-79.

[2] David, J. M., Charles, A. H., Michael, D. et al., "Order from Chaos: A Preliminary Protocol for Determining the EROI of Fuels," *Sustainability*, 2011, 3 (10), 1888-1907.

[3] Hall, C. A. S, Balogh, S., Murphy, D. J. R., "What is the Minimum EROI that a Sustainable Society Must Have?" *Energies*, 2009, 2: 25-34.

[4] Hill, J., "Environmental, Economic, and Energetic Costs and Benefits of Biodiesel and Ethanol Biofuels," *Proceedings of the National Academy of Sciences*, 2006, 103 (30): 11206-11210.

[5] Pimentel, D., Patzek, T. W., "Ethanol Production Using Corn, Switch Grass, and Wood; Biodiesel Production Using Soybean and Sunflower," *Natural Resources Research*, 2005, 14 (1): 65-76.

[6] Cleveland, C., Costanza, R., "Net Energy Analysis of Geopressured Gas - Resources in the United States Gulf Coast Region," *Energy*, 1984, 9 (1): 35-51.

[7] 张炜、钱瑜、王冉、肖微炜:《能源投资收益率的研究进展及其应用前景》,《环境科学与管理》2007年第32期。

[8] 江亿、杨秀:《在能源分析中采用等效电方法》,《中国能源》2010年第5期。

[9] Cleveland, J. C., "Net Energy from the Extraction of Oil and Gas in the United States," *Energy*, 2005, 30: 769 – 782.

[10] Gagnon, N., Hall, C. A. S, Brinker, L., "A Preliminary Investigation of Energy Return on Energy Investment for Global Oil and Gas Production," *Energies*, 2009, (2): 491 – 503.

[11] Hall, C. A. S, Balogh, S., Murphy, D. J. R., "What is the Minimum EROI that a Sustainable Society Must Have?" *Energies*, 2009 (2): 25 – 34.

[12] Murphy, D. J., Hall, C. A. S., Dale, M., Cleveland, C. J., "Order from Chaos: a Preliminary Protocol for Determining the EROI of Fuels," *Sustainability*, 2011, 3: 1888 – 907.

第五章　能源回报在我国能源领域的应用

虽然 EROI 理论的发展时间不长,但目前国外学术界对其重视程度很高,不仅应用到军事领域,而且将其与石油峰值、碳排放等重点问题结合。我国目前的发展处于对能源需求量巨大,尤其是对石油的需求增速大于供给增速的背景下,政府、石油公司、其他能源生产单位等在进行生产评价时应当转变视角并吸收新思想和新方法,利用 EROI 这一非常有价值的工具,站在能源效益而非经济效益的角度来规划和指导今后能源行业的发展。基于此,本书将第四章建立的 EROI 理论体系应用于我国能源领域,测算大庆油田生产 EROI、生物柴油 EROI 及三大化石能源 EROI,以便从该角度对我国能源目前的生产情况进行初步审视。

第一节　大庆油田的能源回报

一　大庆油田简介

目前,大庆油田是我国最大的油田,也是世界上为数不多的特大油田之一,它为我国的石油工业做出了巨大贡献。1959

年大庆油田的发现，不仅使我国摆脱了多年"贫油"的帽子，而且也证明了"陆相生油"理论的正确。按照原油产量变动趋势将大庆油田分为四个阶段：原油产量快速上升期、缓慢上升期（油田中含水期）、平稳期（油田中高含水期）和下降期（见图5-1）。

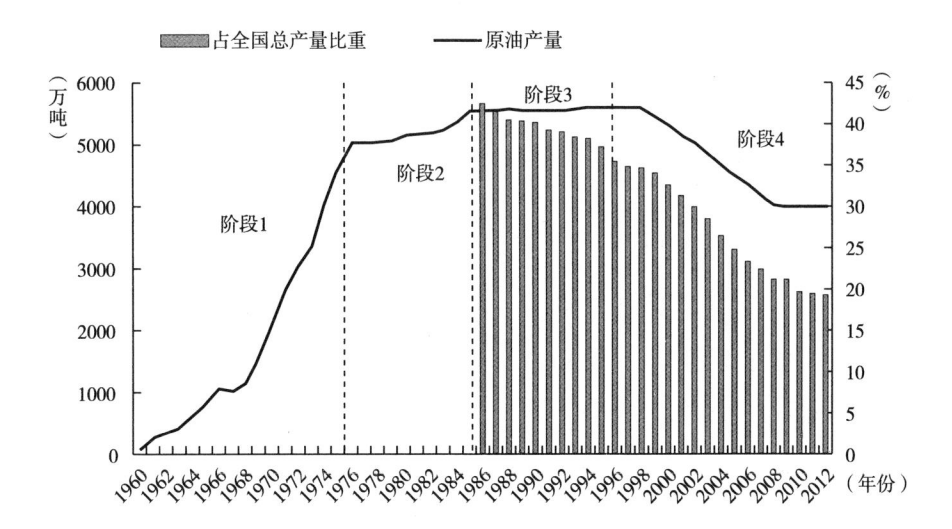

图5-1　1960～2012年大庆油田原油产量及占全国总产量的比重

资料来源：大庆油田公司年度统计资料、《中国统计年鉴2013》。

第一阶段（1960～1975年）：原油产量快速上升阶段，但一直处于5000万吨以下。

第二阶段（1976～1985年）：油田处于中含水期，也是大庆油田第一个十年稳产期。通过加强注水、增大采油压差等措施，年产油量不断增长，即从1976年的5030.3万吨增加到1985年的5528.9万吨，年均增长率为0.95%。

第三阶段（1986～1995年）：油田处于中高含水期，含水量逐渐增加、稳产难度增大，是大庆油田第二个十年稳产期。产油量从 1986 年的 5555.3 万吨增加到 1995 年的 5604.5 万吨，年均增长率仅为 0.09%。

第四阶段（1996~2012 年）：油田处于产量下降－稳定期。自 1996 年开始，大庆原油产量开始下降，并于 2012 年降为 4000 万吨。这一阶段主要采用注水、注聚合物等手段以便达到原油产量不减、控制含水量的目的。

二 测算过程与结果

大庆油田 EROI 的计算边界为开采阶段，即表 4-4 中的边界 1，不涉及炼油化工环节。根据数据特点，选择层级 1 和层级 2，即直接投入和间接投入。此外，本书还对石油天然气产量和直接投入量加总过程进行了质量校正，调整后的投入量适用于大庆油田的 EROI 计算标准，如表 5-1 所示。

表 5-1 大庆油田 EROI 两维计算标准及其命名表

层级	能源投入	热当量法	质量因子修正法
层级 1	直接能源投入	$EROI_{mm,d}$	$EROI_{mm,Qd}$
层级 2	间接能源投入	$EROI_{stnd}$	$EROI_{mm,Qstnd}$

表 5-2 中，Q_d 表示质量校正后的直接投入，Q_{stnd} 表示质量校正后的直接与间接投入总和。$EROI_{mm,d}$ 表示将产出和直接投入转换成热当量后作比值；$EROI_{mm,Qd}$ 表示将产出和直接投入进行质量校正后作比值。

表中四种 EROI 的计算中，$EROI_{stnd}$ 和 $EROI_{mm,Qstnd}$ 计算较为复杂，公式如下：

$$EROI_{stnd} = \frac{P \times C_{P-T}}{M_{Total} \times E_{ins}} \tag{5.1}$$

$$EROI_{mm,Qstnd} = \frac{\lambda E_{Total}^{O}}{(M_{Total} - M_{Direct}) \times E_{ins} \times C_{P-T} + \lambda E_{Direct}^{I}} \quad (5.2)$$

其中，P 为石油天然气总产量，C_{P-T} 为从物理单位（如桶或吨）转换成热当量的转换系数，M_{Total} 和 M_{Direct} 分别为总资金投入和直接能源投入所花费的资金，E_{ins} 为工业能源强度，E_{Total}^{O} 和 E_{Direct}^{I} 分别为总产出（单位：J）和直接投入（单位：J），λ 为能源质量因子。

其中，投入产出数据主要来自大庆油田公司年度统计资料，包括财务统计和能耗指标统计。其中，财务统计包括操作成本、折旧与折耗、总费用等为能源生产而投入的所有资金，但不包括对环境外部性的支付；能耗指标统计包括汽油、柴油、自用油、自耗气、电量、聚合物干粉和清水量，其中汽油、柴油、自用油、自耗气和电量记为直接投入。原油价格根据大庆油田公布的日原油价格进行年平均；天然气价格根据国家发改委制定的国产陆上天然气地区出厂价格表确定；汽柴油价格根据国家发改委阶段性制定的成品油价格进行年平均；电力价格依据大庆油田对电价的支付标准，即 2001～2008 年为 0.572 元/度，2009～2011 年为 0.595 元/度，2012 年为 0.635 元/度。

根据上述计算标准，产出量的计算有两种方法：一是热当量法，即将产出量直接用焦耳量表示；二是质量因子修正法，即用 Divisia 指数取得不同能源的质量因子进而对能源总量进行加总（见图 5-2）。

两种方法计算的结果差距很小。原因之一：天然气产量在大庆油田的总产量中占比很小，其中 2001 年仅为 4.36%，2012 年仅为 7.13%（见图 5-3），在原油占产量绝大比例的情况下，修正

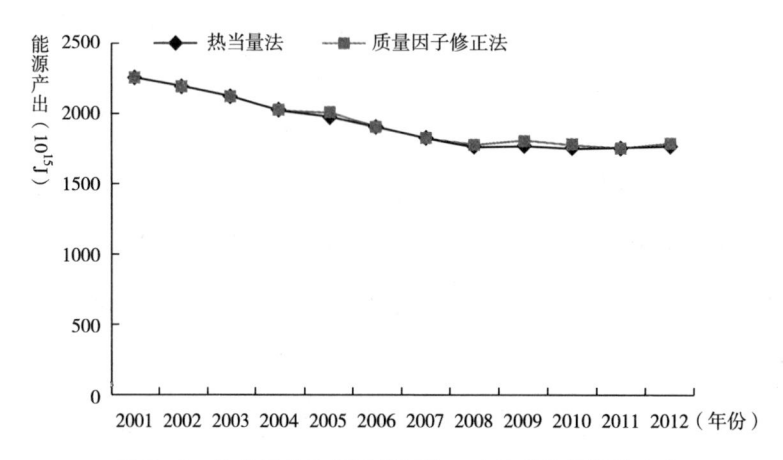

图 5-2 热当量法和质量因子修正法计算的能源总产出

法对总产量的影响作用甚微。原因之二：天然气出厂价格由国家发改委阶段性制定，这在很大程度上扭曲并低估了天然气的真正价值，致使质量因子修正法的使用效果减弱。

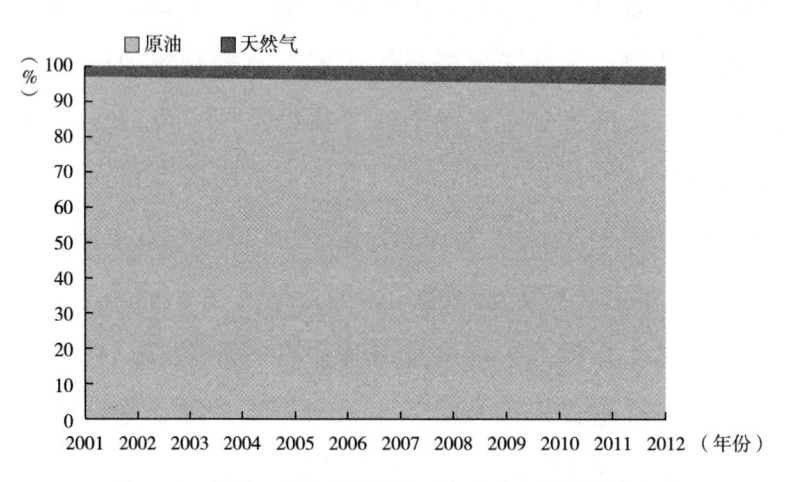

图 5-3 原油天然气焦耳量分别占总产出焦耳量的比重

大庆油田投入同样分两层，直接投入均按照物理单位表示，与产出量的计算方法一样。结果显示，热当量法和质量因子修正法计算结果的最大差距仅为3.7%（见图5-4）。

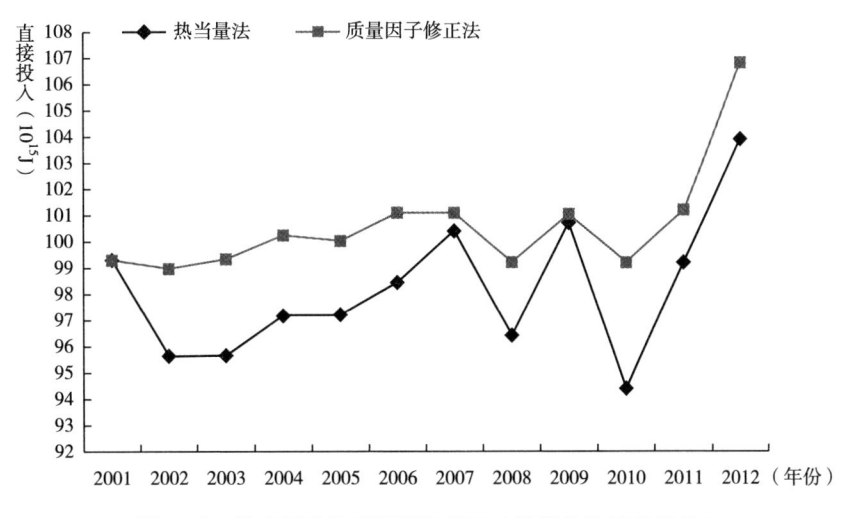

图 5-4　热当量法和质量因子修正法计算的直接能源投入

第二层级的投入包括直接投入和间接投入，根据 $EROI_{stnd}$ 和 $EROI_{mm,Qstnd}$ 计算公式得出的总投入量差距也不大（见图 5-5）。这是因为直接投入的热当量法和质量因子修正法分别占总投入量的百分比之间相差甚微（见图 5-6）。

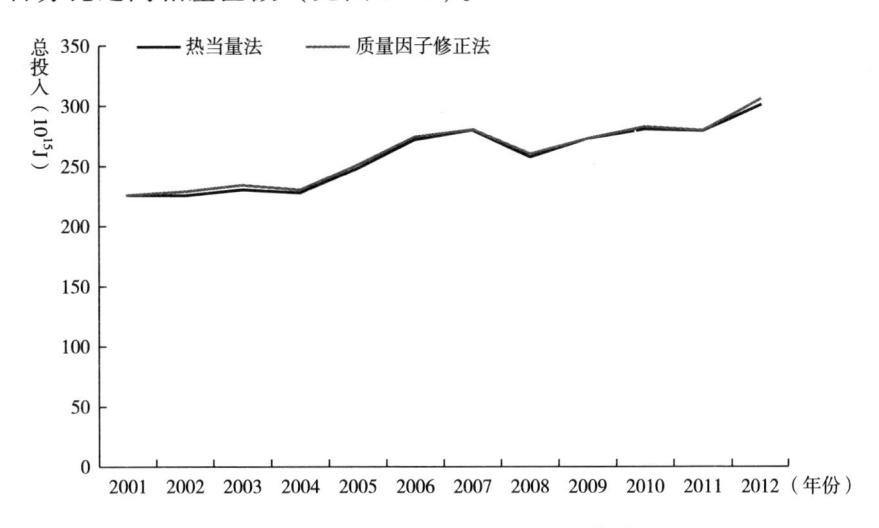

图 5-5　热当量法和质量因子修正法计算的总投入

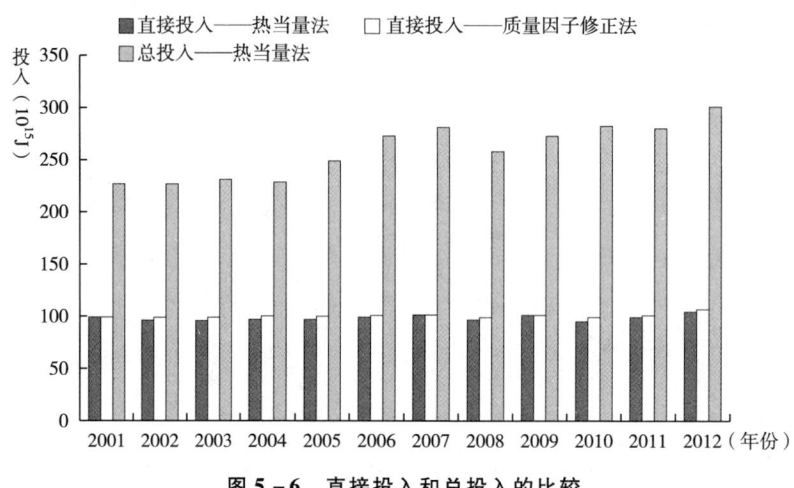

图 5-6　直接投入和总投入的比较

EROI 计算结果显示,大庆油田 $EROI_{stnd}$ 从 2001 年的 10∶1 下降到 2012 年的 6.4∶1,虽然四种计算结果有些差异,但都明显表现出下降趋势,不过热当量法比质量因子修正法计算的结果要高些,如表 5-2 所示。

表 5-2　大庆油田 EROI 结果

年份	2001	2002	2003	2004	2005	2006	2007	2008	2009	2010	2011	2012
$EROI_{1,d}$	22.7	22.9	22.2	20.9	20.4	19.4	18.2	18.4	17.6	18.0	18.1	17.3
$EROI_{1,Qd}$	22.7	22.2	21.3	20.3	19.7	18.8	18.1	17.8	17.4	17.1	16.8	15.9
$EROI_{stnd}$	10.0	9.7	9.2	8.9	8.0	7.0	6.6	6.9	6.5	6.4	6.5	6.4
$EROI_{1,Qstnd}$	10.0	9.6	9.1	8.8	7.8	6.9	6.5	6.8	6.4	6.3	6.4	6.3

与 EROI 相关的净能源分析描述了为社会提供真正能源量的大小。大庆油田的净能源量与 EROI 一样出现了下降趋势,年均递减率为 3.7%(见图 5-7)。从能源生产价值的角度来看,如果净能源量降为零就意味着生产的能源量仅能满足生产需要,而为社会提供的能源量为零,这将严重影响我国石油工业以及整体经济的

发展。因此，持续降低的 EROI 值和净能源值都说明大庆油田面临着越来越大的生产挑战。

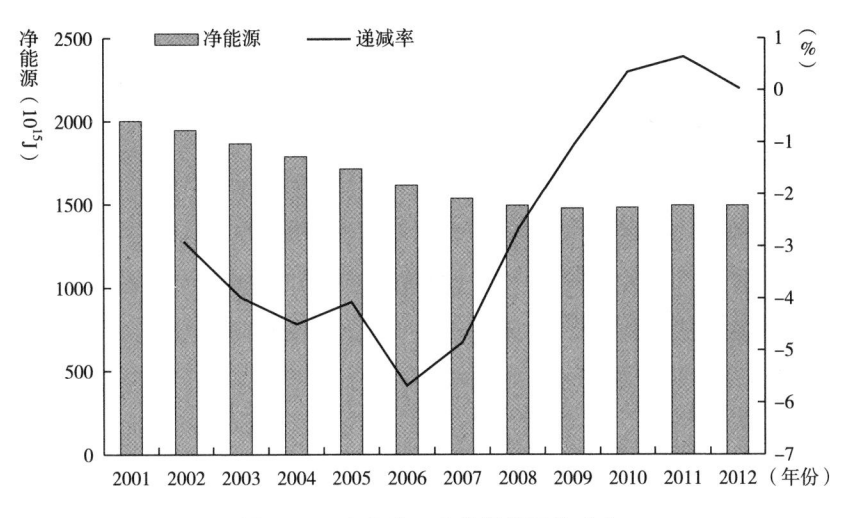

图 5-7　大庆油田净能源量及递减率

能源强度的大小对 EROI 的影响不可忽略，由此本书在目前工业能源强度数据的基础上分别提高、降低 10%，对 $EROI_{stnd}$ 值进行敏感性分析。结果显示，当能源强度提高 10% 时，2001~2012 年 $EROI_{stnd}$ 值年平均降低 5.9%；当能源强度降低 10% 时，$EROI_{stnd}$ 值年平均升高 6.7%。

此外，本书又采用正交分解法对 EROI 的影响因素进行分析。首先确定影响大庆油田 $EROI_{stnd}$ 的因素有产量、汽油、柴油、自用油、自耗气、电量、间接投入、工业能源强度。其中，间接投入单位为亿元，工业能源强度单位为吨标准煤/万元，其他因素单位为 10^{15} 焦耳。再者，取 2001~2012 年的年平均变动率绝对值作为水平变动率，以 2012 年数据为基础分别减增水平变动率，取得水平 1 和水平 2。结果显示，$EROI_{stnd}$ 值受各因素影响的敏感程度从大到小依次为间接投入、工业能源强度、产量、自耗气、柴油、自用油、汽油、电量；最优方案下的 $EROI_{stnd}$ 值可达到 7∶1，优化途径为增加产量和汽油量的同时减少其他因素的数量，电量使用量保持不变。

三 预测分析

由于大庆油田石油产量已经进入递减期，石油年产量预测利用指数递减公式，即 $D = -\dfrac{dQ}{Qdt}$，D 是年递减率，Q_t 是年产量（10^4 吨），t 是开发时间。考虑 t_0 时间的产量 Q_0（10^4 吨），积分后整理得到：

$$Q_t = Q_0 e^{-D(t-t_0)} \tag{5.3}$$

$$\log Q_t = a - b(t - t_0) \tag{5.4}$$

对于指数递减来说，递减阶段的产量 Q 与开发时间 t 呈反比关系。通过线性模拟方法可得到直线的截距 a 和斜率 b、理论的 Q_0、递减率 D 的数值。

从 t_0 开始递减阶段的累计产量表示为：

$$N_{pt} - N_{po} = \int_{t_0}^{t} Q_t dt \tag{5.5}$$

N_{pt} 是自投产开始的油田总产量（10^4 吨），N_{po} 是稳产阶段结束时 t_0 时间的累计产量（10^4 吨）。将公式（5.5）代入公式（5.3），当 $Q \to 0$ 时，可得到油田最终可采储量：

$$X_u = \dfrac{Q_i}{D} + N_{po} \tag{5.6}$$

从图 5-8 中可以看出，在 $t = 40$ 之后的数据点呈现出直线关系，经线性回归得到直线的截距 $a = 3.754$，$b = 0.011$，代入预测方程中，得：

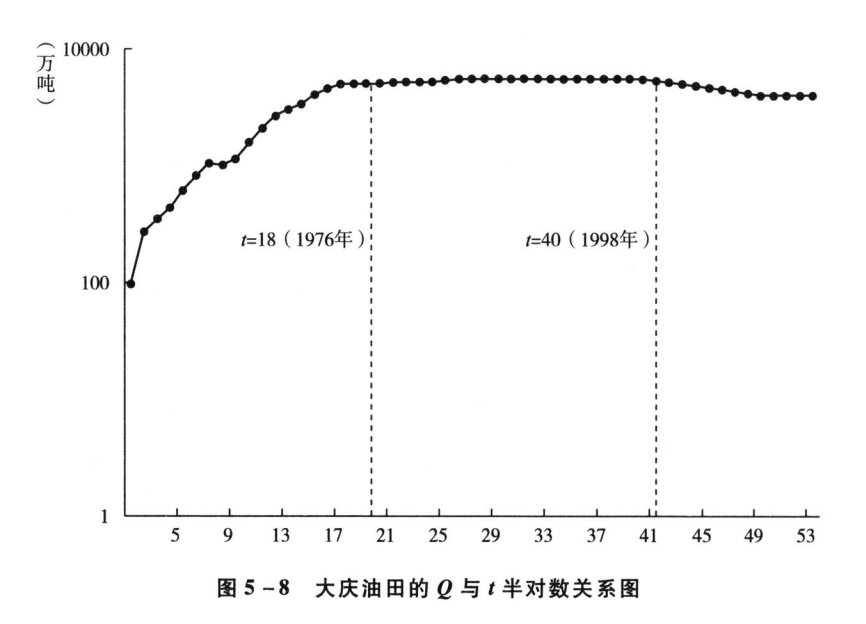

图 5-8　大庆油田的 Q 与 t 半对数关系图

$$Q_t = 5675e^{-0.025(t-t_0)} \text{（万吨）}$$

$$X_u = 378691.2 \text{（万吨）}$$

近几年，大庆油田利用先进技术，加大深层天然气勘探力度，不断扩大气区规模，提高年产量，为实现大庆油田"以气补油"战略创造了条件。按照大庆油田公司 2012 年 6 月完成的《大庆油田可持续发展纲要》（以下简称《纲要》），到 2020 年，大庆油田的油气当量保持在 4000 万吨以上，其中，天然气产量为 80 亿立方米至 100 亿立方米。根据此计划，2013~2020 年大庆天然气产量平均需要保持 14% 的年增速。以《纲要》作为依据，预计 2020 年天然气产量达到 100 亿立方米，2021~2025 年维持在 100 亿立方米。

若采用直线法预测至 2025 年汽油、柴油、自用原油、自用天然气、电力的消耗不会准确，由此本书利用简单的热当量 EROI 计算公式进行预测（公式 5.7）。

$$EROI = \frac{E^O}{M_{Inp} \times E_{ins}} \tag{5.7}$$

其中，E^0表示石油天然气产量总和，M_{Inp}表示货币衡量的投入总和（即生产总成本），E_{ins}表示能源强度。

目前，能源生产过程中的间接消耗的最佳变量就是操作成本，包括直接材料、直接燃料、直接动力、作业费、维护费、处理费等。操作成本的研究广泛，大部分研究认为需结合经验积累和技术进步与资源耗竭因素[4]。随着资源进入递减期，开发难度不断加大，技术愈发接近"顶板"，技术进步带来的单位成本减少愈发有限，而耗竭因素使得单位成本迅速增长，总体上单位成本将不断增加。结合技术进步与资源耗竭因素的单位操作成本预测模型如公式（5.8）。

$$C_t = C_0 \left(\frac{X_t}{X_0}\right)^{-b} + \alpha C_0 \left(\frac{X_t}{X_u}\right)^{\gamma} + \beta \qquad (5.8)$$

C_t是t时间点的单位操作成本，C_0是0时间点的成本，b是学习效应系数，γ是进入递减期的油气资源的指数耗竭率，α是递减率对操作成本的影响系数，β是截距项，X_t是t时间点的累计产量，X_0是0时间内的累计产量，X_u是资源的最终可采储量。

公式（5.8）中，操作成本与生产石油和天然气总产量有关，虽然目前大庆油田天然气产量在油气总产量中占比很小（2001年为3.4%，2012年为5.59%），但在考量天然气单位操作成本时，一方面大部分石油、天然气一起被采出，难以区分，另一方面可以预见未来天然气产量将大幅度上升，又不能忽视它对总成本的影响，于是本书假设单位油当量下两者操作成本是一样的。

利用公式（5.8）预测2013～2025年的单位操作成本。其中，根据已有的对美国原油开发操作成本的研究成果，取参数值$b = 0.074$，根据公式（5.4）的计算，$X_u = 378691.2$。根据公式（5.8），选取2001年作为0时刻，X_t是t时间内（即2001 + t年）

的累计产量（万吨），X_0 是 2001 年的累计产量（万吨），C_t 是 t 时间点的单位操作成本（亿元），C_0 是 2001 年的单位操作成本（亿元）。b 是学习效应系数，γ 是进入递减期的油气资源的指数耗竭率，α 是递减率对总成本的影响系数，X_u 是资源的最终可采储量。为了消除价格变动的影响，通过 2011 年工业生产者购进价格指数对每年的操作成本进行修正。

可以得到单位操作成本预测方程：

$$C_t = 3.79\left(\frac{X_t - X_0}{167591.7}\right)^{-0.07} + 14.15\left(\frac{X_t - X_0}{378691.2}\right)^{0.025} - 17.52 \quad (5.9)$$

$$R^2 = 0.95$$

公式（5.9）对 2001～2012 年大庆油气单位成本的拟合效果良好，变量都通过了检验，可以用来对 2013～2025 年大庆油气单位成本进行预测。

另外，考虑到折旧与折耗、总费用随着未来的生产仍将不断上升，利用趋势外推法对两者进行预测，结果如图 5-9 和图 5-10 所示。

工业能源强度是将货币化的间接投入转化为能源形式的关键变量。对能源强度的预测直接影响大庆油田未来 EROI 值的

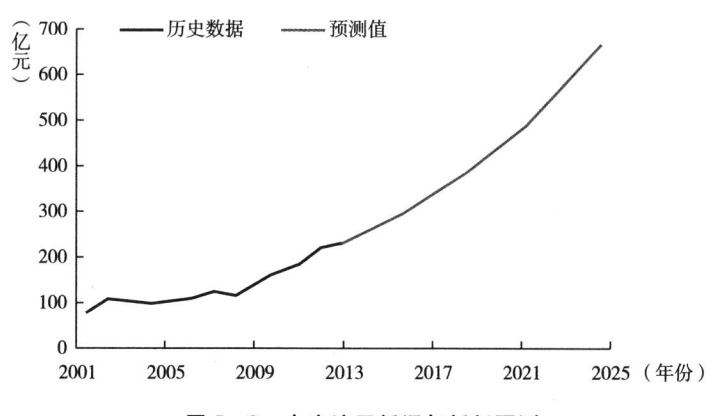

图 5-9　大庆油田折旧与折耗预测

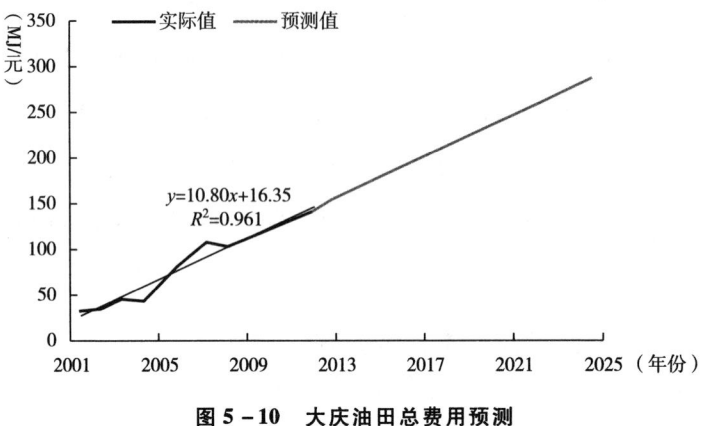

图 5–10　大庆油田总费用预测

大小。根据"十二五"规划，中国将继续推动能源生产和利用方式转变，合理控制能源消费总量。到 2015 年，中国能源消费强度将再降低 16%。由于中国第一产业和第三产业消耗的能源相对较少，而第二产业消耗的能源较多，国家能源强度的降低更多地依赖于第二产业能源强度的降低。根据"十二五"规划，2011~2015 年工业能源强度将以年均 3.4% 的速度下降，假设到 2025 年工业能源强度持续以此递减率递减，预测结果如图 5–11。

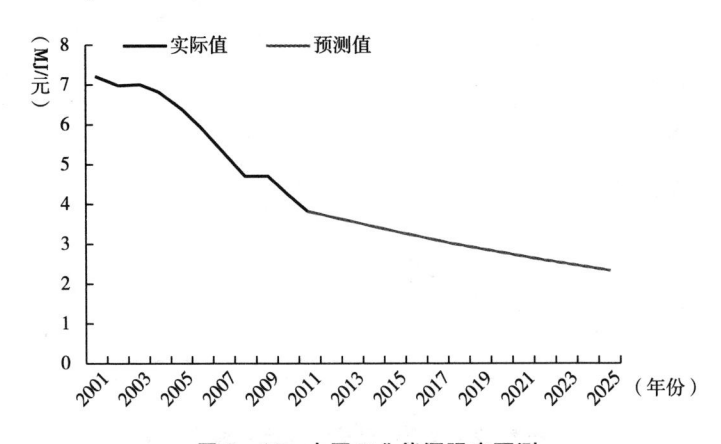

图 5–11　中国工业能源强度预测

大庆油田 EROI 值及净能源预测结果如表 5-3 所示。

表 5-3 大庆油田 EROI 预测结果 (10^{12}MJ)

年份	2013	2014	2015	2016	2017	2018	2019	2020	2021	2022	2023	2024	2025
产出	1.77	1.75	1.74	1.73	1.72	1.72	1.73	1.75	1.71	1.68	1.65	1.62	1.59
EROI（比值）	7.3	7.0	6.7	6.4	6.2	6.0	5.9	5.8	5.5	5.3	5.1	4.9	4.7
净能源	1.53	1.50	1.48	1.46	1.45	1.44	1.44	1.44	1.40	1.36	1.32	1.29	1.25

进而，考虑到产量和能源强度对 EROI 值的影响，我们将上述情景作为基准情景。

高产量情景设置为：直到 2020 年将继续保持 4000 万吨/年的产量，从 2021 年开始石油产量才按 2.5% 递减率递减。基准产量情景是一种理想情景，未来我国能源强度的降低可能有较大难度。预测结果如表 5-4 所示。

表 5-4 分情景下大庆油田 2025 年 EROI 值

	基准能源强度	高能源强度
基准产量情景	EROI = 4.7	EROI = 2.9
高产量情景	EROI = 5	EROI = 4.5

如果按照 Hall 等[5]经过初步分析得出的最小 EROI 值原则（即维持一般的经济活动和社会功能所需从能源开发中获得的最少能源产出），考虑油气生产到终端使用之间的运输等相关环节，EROI 值只有在不低于 3 的情况下，才能有足够的可利用的能源供社会使用。在上述计算结果中，在基准产量情景和高能源强度下，2025 年大庆油田的 EROI 值为 2.9，也就是说，大庆油田已经达到了生产极限（见图 5-12）。

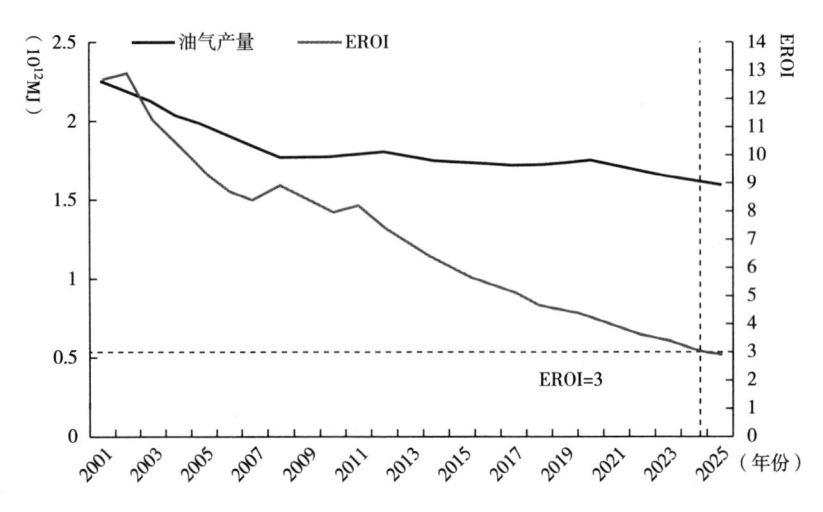

图 5-12　基准产量情景-高能源强度组合下大庆油田 EROI 值趋势

过去十年中，我国勘探开发技术虽然有了大幅进步，但并没有阻止大庆油田生产能力的下降。造成这一问题的主要原因是油田的开采难度越来越大、面临的挑战越来越多，能源、资金、人力投入越来越多的同时产量却不升反降。作为我国目前最大的油田，大庆油田目标是建设"百年油田"，可是从 EROI 值来看，大庆油田需要重新审视战略规划。虽然 EROI 方法的发展时间较短，但目前国外学术界对其重视程度很高，不仅应用到军事领域，而且将其与石油峰值、碳排放等重点问题结合，分析了整个能源和经济领域的基本现状和发展情况。在石油需求增速大于供给增速的背景下，我国石油公司、政府在进行生产评价时应当转变视角并吸收新思想和新方法，利用 EROI 这一工具，站在能源效益而非经济效益的角度来规划和指导今后能源行业的发展。

第二节 生物柴油的能源回报

一 生物燃料简介

生物质是指任何可再生的或可循环的有机物质（不包括多年生长用材林），包括专用的能源作物与能源林木，粮食作物和饲料作物残留物，林木和木材废弃物残留物，各种水生植物、草、残留物、纤维和动物废弃物、城市垃圾和其他废弃材料等。从生物质中所获取的能源即为生物能源，包括热能、电能和各种生物燃料，如生物柴油、生物乙醇、生物气体（沼气）、生物制氢等。其中，生物柴油是指从可再生脂质原料中提炼出的一种长链脂肪酸单烷基酯，是一种含氧量极高的复杂有机成分的混合物。根据原料来源不同，生物柴油可分为植物柴油和动物柴油。生物柴油技术主要包括两种：第一种是以物理法为基础的直接混合法和微乳液法，而且微乳液法已基本取代直接混合法；第二种是以化学法为基础的高温裂解法和酯交换法，目前酯交换法是世界生物柴油生产的主流技术。

无论什么样的技术，其生产的过程都大体相似，包括动植物培养、油源的获取、燃料制作的化学工艺过程、生物燃料的储存等。本书用 Odum 的能量系统语言将过程边界绘制成图 5-13。图 5-13 中，圆圈为能量来源（Forcing Function），表示进行动植物培养或者进入系统边界的初始能源来源，虚（实）线框代表研究的不同边界（Boundary），粗箭头代表不同类别能源流相互作用并转化成另一个能源流（Interaction），水滴形状代表储存库（Storage Tank）。

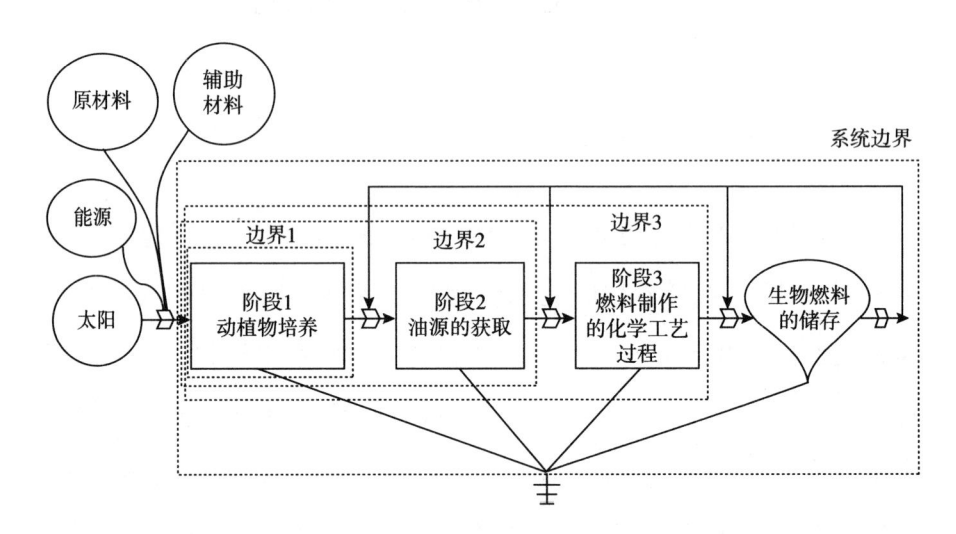

图 5-13 利用能量系统语言描绘的生物燃料系统边界

二 测算过程与结果

以目前典型的生物柴油生产项目为例计算 EROI 值，计算所需的数据均来自某公司 6 万吨生物柴油示范装置项目。根据项目研究对象选取边界 3，即从阶段 1 至阶段 3。阶段 1 中，该项目培育的是麻风果树，通常种植第三年后开始结果，麻风果平均每亩结果 200~300 千克，第五年进入盛产期，亩产 400~500 千克，果实采摘期可达 50 年。如果加强专人培植、维护和收捡工作，保证每单位面积麻风果产量和麻风果品质，平均每亩麻风树可年产 300 千克麻风果。2008 年，在四川攀枝花市和凉山彝族自治州已经确认人工种植和野生成熟麻风果树林 45.4 万亩。另外，在 2006 年 12 月、2007 年初、2007 年 4 月，中石油西南油气田公司与四川省攀枝花市人民政府和四川省凉山彝族自治州人民政府签订了关于林业发展和麻风果树的培养计划,若计划完成,至"十一五"末麻风树规划种植新增面积总规模达到180万亩,至"十二五"末规划种植新增面积达到500万亩。因此,原料来源是有保障的。阶段2中,该阶段的目的主要是油源(麻风果油)的获取。麻风果油成分接近石油、柴油,油流动性好,其中含有油酸、亚油酸、棕榈油酸等不饱和脂肪酸。1998年联合国《生物多样化公约》第二十条款中提出了"麻风树油可作为极好的柴油替代品"。麻风果中的含油量达30%~50%,若按麻风果3吨可榨取1吨麻风果油计,则45.4万亩麻风树所产麻风果可得麻风果毛油4.54万吨/年。2008年,该装置的开工率为70%,需要麻风果毛油4.68万吨,不足部分可从云南、贵州省外购。2008年,四川省麻风果油的市场价格为5400元/吨,在麻风果树达到规模后价格可降到5250元/吨。阶段3中,该项目的示范装置引进德国捷成鲁奇公司的生物柴油工艺技术,为国内最大规模的生物柴油生产示范性装置,并以林木果油为原料,开了国内生产的先河。该工艺首先将毛油进行预处理,预处理后的原料油和甲醇在碱性催化剂存在的条件下反应生成甲酯和甘油,甲酯和甘油经过分离和精制,得到生物柴油和浓度为80%的粗甘油,甲醇被分离回收后循环使用。其主要操作单元包括:预处理、酯交换、甲酯洗涤、甲酯干燥、甘油水预处理和甘油水蒸发(见图5-14)。

该生物柴油项目投入数据包括:直接投入,即动力燃料的投入;间接投入,即原材料、费用。调整后的适用于生物柴油项目的EROI值计算标准如表5-5所示。

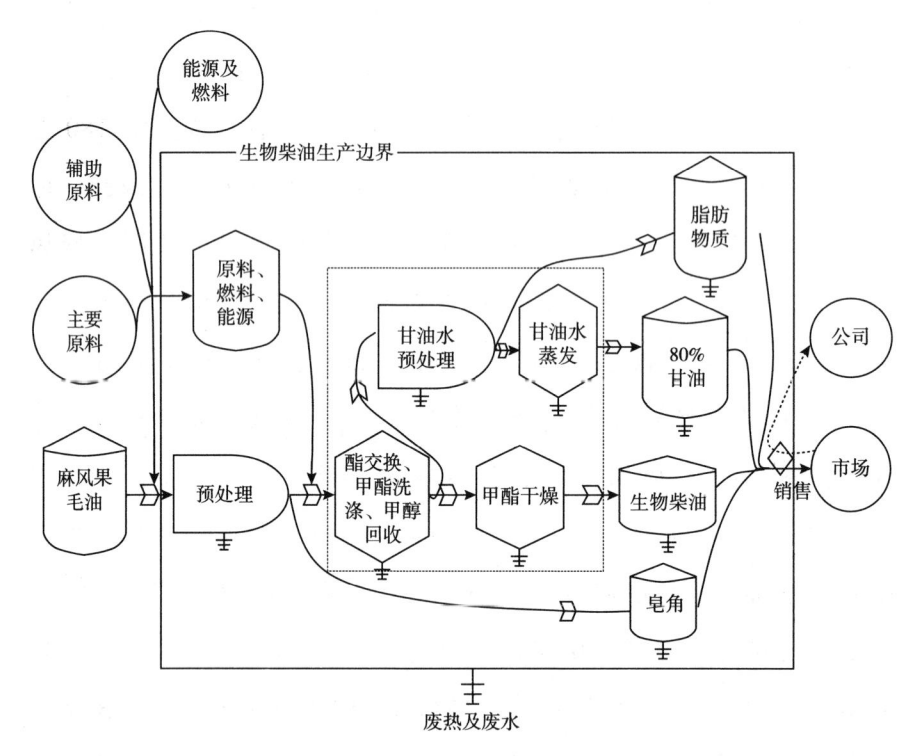

图 5-14　利用能量系统语言描绘的从麻风果毛油到生物燃料的化学工艺过程

表 5-5　生物柴油项目 EROI 两维计算标准及其命名

层级	能源投入	生产边界
层级 1	直接能源投入	$EROI_{mm,d}$
层级 2	间接能源投入	$EROI_{stnd}$

计算公式：$EROI_{mm,d}$ 表示将产出和直接投入转换成热当量后作比值，$EROI_{stnd}$ 表示将产出和直接投入与间接投入的总和作比值，计算公式如下：

$$EROI_{1,d} = \frac{P_m \times C_{p-t} + P_{co} \times price \times E_{ins}}{\sum D_i \times C_{p-t}} \quad (5.10)$$

$$EROI_{stnd} = \frac{P_m \times C_{p-t} + P_{co} \times price \times E_{ins}}{\sum D_i \times C_{p-t} + M_{total} \times E_{ins}} \quad (5.11)$$

式中，P_m 指主要产品产量，即生物柴油；C_{p-t} 指从物理单位（如桶、吨）转换成热当量的转换系数；P_{co} 指副产品产量，即甘油、皂角和脂肪物质；price 指三种副产品的价格；E_{ins} 指工业能源强度；$\sum D_i$ 指 i 种能源的直接投入总和；M_{Total} 指间接投入总和，包括动力燃料、原材料和费用。

在该生产工艺下，主要产出产品为生物柴油，年产量 6 万吨。副产品：一是含量为 80% 的甘油，其经过精炼得到医用级甘油，但是这里产量较少，暂时不考虑深度加工，仅作为基本化工原料外售；二是皂角，其主要成分是脂肪酸钠，出装置的浓度是 37%，因为产量较少，也不考虑加工，仅作为副产品外售；三是脂肪物质，是一种重要的化工原料，可进一步深加工成磷脂、脂肪酸等。表 5-6 显示的是本生物柴油装置下能源产出情况。

表 5-6 本生物柴油装置下能源产出

	主要产品	副产品		
	生物柴油	甘油（80%）	皂角（37%）	脂肪物质
产量/小时	7584（千克）	976（千克）	1905（千克）	36（千克）
操作时间/年	7920（小时）	7920（小时）	7920（小时）	7920（小时）
产量/年	60065（吨）	7730（吨）	15085（吨）	285（吨）
价格	—	4247（元/吨）	855（元/吨）	4247（元/吨）
销售额/年	—	3283（万元）	1290（万元）	73（万元）
能源产出/年	2.56（10^{15} 焦耳）	0.156（10^{15} 焦耳）	0.061（10^{15} 焦耳）	0.003（10^{15} 焦耳）
总产出/年	2.78（10^{15} 焦耳）			

在项目的建设阶段（2008 年），能源产出量为 0。在项目的生产期，前两年（2009 年和 2010 年）的生产负荷分别为 70% 和 85%，2011~2022 年的生产负荷始终维持在 100%。2008~2022 年的能源总产出如表 5-7 所示。

表 5-7　2008~2022 年能源总产出

单位：10^{15} 焦耳

年　份	主要产品	副产品
2008	0	0
2009	1.79	0.24
2010	2.17	0.29
2011~2022	2.56	0.34
总产出	39.3	

该项目的投入包括三种，即燃料动力投入、原材料投入、其他花费，除燃料投入是物理单位外，其他均以货币投入的形式出现，所以需要能源强度将其转化为物理单位。本书假设 2009~2022 年的能源强度没有太大变化，均为 2009 年的水平，即 719 万焦耳/元。在建设期，项目的总投资为 17845 万元。在生产期内还包括燃料动力、原材料和其他费用的能源投入。

2008 年的能源投入为设备的包被能，2009 年与 2010 年生产负荷对燃料动力和原材料分别按 70% 和 85% 提取，产生的费用不会因生产负荷而发生变化，其总投入量如表 5-8 所示。

表 5-8　2008~2022 年能源总投入

单位：10^{15} 焦耳

年份	投资	燃料动力	原材料	其他费用
2008	1.22	—	—	—
2009	—	0.14	1.63	0.21
2010	—	0.17	1.98	0.21
2011~2022	—	0.20	2.33	0.21
总量（2008~2022）	38.4			

计算得出，$EROI_{1,d}$ 为 14.5∶1，$EROI_{stnd}$ 为 1.02∶1。也就是说，该项目投入了 1 焦耳的能源量只能获得 1.02 焦耳的产出，基本与投入持平，无生产价值。若按照 EROI 指标评判项目的可行性，那么应当拒绝该项目的实施。

三 与其他方法的区别

在进行新项目或者改扩建项目评价时，货币时间价值的技术经济评价方法应用最为广泛，尤其是净现值（NPV）和内部收益率（IRR）指标。

$$NPV = \sum_{t=1}^{n} \frac{R_t}{(1+i)^t}$$

式中，R_t 为时间 t 的净现金流量，i 表示折现率，t 为项目期间。NPV 衡量了净现金流量以资金成本为贴现率折现之后与原始投资额现值的差额，反映了项目投资获利能力的指标。若 NPV 大于等于 0 则项目可行，小于 0 则项目不可行。此外，内部收益率也是项目投资选择的重要衡量指标之一，净现值等于 0 时的折现率就是内部收益率。

按照项目的资金规划要求，列出项目的现金流量表如表 5-9 所示。表 5-9 中，1 表示 2008 年，依此类推，15 表示 2022 年。

表 5-9 生物柴油项目的现金流量表

单位：百万元

	1	2	3	4	5~14	15
现金流入		318	324	381	381	412
销售收入		219	266	313	313	313
补贴收入		48	58	68	68	68

续表

	1	2	3	4	5~14	15
资金奖励		51				
回收固定资产余值						8
回收流动资金						23
现金流出	171					
建设投资		17	3	3		
流动资金		245	295	346	346	346
经营成本		11	9	7	7	7
流转税金及附加			2	4	4	4
调整所得税	-171	45	14	20	23	54
净现金流量	171					

生物柴油项目的存在需要国家的有关政策扶持。2006年，财政部、国家发改委、农业部、国家税务总局、国家林业局联合发布《关于发展生物能源和生物化工财税扶持政策的实施意见》，并以该意见为依据，财政部在2007年7月制定了《生物能源和生物化工非粮引导奖励资金管理暂行办法》，符合条件的项目可以向所在地财政部门申请非粮引导奖励基金。因此，该项目也获得了补贴，在此基础上计算的结果为5万元（NPV方法），IRR方法为12.01%，项目在经济上是可行的。两种方法比较看，其结果完全相反。一方面，两种方法各自存在一定的问题，其中NPV方法没有反映投资的规模，也没有考虑投资回收期的长短；在技术和能源工业发展的过程中IRR的结果并不是一定的，而是变量，结果随着标准的变动而发生相应变化。EROI方法受限于数据的可得性，受能源强度的影响较大。另一方面，两种方法的关注点不同，其中EROI是基于能源角度和全

生命周期的分析,净现值和内部收益率法是以利润和经济价值为目的的。因此,在能源供应紧张及消费剧增的背景下,国家未来的新能源项目首先应当考虑能源的合理利用问题,在此基础上再考虑盈利问题。

第三节 化石能源的能源回报

一 石油天然气开采业的能源回报

根据前述的 EROI 值测算步骤,第一步应该确定测算对象的边界与层级。由于研究对象为原油和天然气,所以选择边界1,即开采阶段。根据数据特点,本书的投入层级选择1和2,即直接投入和间接投入,计算方式如表5–10所示。

表5–10 石油天然气开采业 EROI 值的两维计算表

层级	能源投入	生产边界
层级1	直接能源投入	$EROI_{mm,d}$
层级2	间接能源投入	$EROI_{stnd}$

表5–10中,$EROI_{mm,d}$的计算是石油天然气产量的焦耳量除以终端能源消费的焦耳量(公式5.12)。$EROI_{stnd}$的计算是石油天然气产量的焦耳量除以终端能源消费量和间接投入的焦耳量的总和(公式5.13)。

$$EROI_{mm,d} = \frac{\sum P_i \times C_{p-J}}{\sum D_i \times C_{p-J}} \qquad (5.12)$$

$$EROI_{stnd} = \frac{\sum P_i \times C_{p-J}}{\sum D_i \times C_{p-J} + M_{cost} \times E_{ins}} \tag{5.13}$$

其中，$\sum P_i$ 指 i 种产品的总产量；C_{p-J} 指从物理单位（如桶、吨）转换成热当量的转换系数；$\sum D_i$ 指 i 种直接能源的投入总和；M_{cost} 指设备工器具购置和其他费用的总和；E_{ins} 指工业能源强度。

第二步，需要统计出石油天然气开采业的产出与投入。产出数据均来自《中国能源统计年鉴》中的一次能源生产量和构成。先算出电热当量计算法和发电煤耗计算法中各种能源的产量，再对数据取平均值，就可得到两种计算法下的平均原油产量（单位：吨）、天然气产量（单位：立方米）数据，石油天然气开采业的总产出利用表4-3将其转换为焦耳量，如表5-11所示。

表 5-11 石油天然气开采业产出量

年份	原油			天然气			产出总量
	(10^6 tce)	(10^6 t)	(EJ)	(10^6 tce)	(10^9 m³)	(EJ)	(EJ)
1995	214	150	6.3	24	18	0.7	7.0
1996	225	157	6.6	27	20	0.8	7.4
1997	230	161	6.7	28	21	0.8	7.5
1998	230	161	6.7	28	21	0.8	7.5
1999	229	160	6.7	33	25	1.0	7.7
2000	233	163	6.8	36	27	1.1	7.9
2001	234	164	6.8	40	30	1.2	8.0
2002	239	167	7.0	43	32	1.3	8.2
2003	242	169	7.1	47	35	1.4	8.4
2004	251	176	7.3	55	41	1.6	8.9
2005	259	181	7.6	66	50	1.9	9.5
2006	263	184	7.7	78	59	2.3	10.0
2007	266	186	7.8	92	69	2.7	10.5

续表

年份	原油			天然气			产出总量
	(10^6 tce)	(10^6 t)	(EJ)	(10^6 tce)	(10^9 m^3)	(EJ)	(EJ)
2008	276	193	8.1	107	80	3.1	11.2
2009	271	190	7.9	113	85	3.3	11.2
2010	291	203	8.5	125	94	3.7	12.2
2011	291	203	8.5	136	102	3.9	12.5

资料来源：《中国能源统计年鉴2012》。

投入数据包括三个方面。第一，直接投入数据均来自《中国能源统计年鉴》中的"工业分行业终端能源消费量（实物量）"（见表5-12），根据各自的热值换算为焦耳（见表5-13）。第二，间接投入数据来自《中国统计年鉴》中的"按行业分城镇固定资产投资和建设总规模"中的"设备工器具购置"和"其他费用"，并利用工业能源强度数据将其转换为能量值（见表5-14）。其中，设备工器具购置包括原有或新建的单位或车间所使用的设备、工具、器具的价值；其他费用是在购置这些设备工器具的过程中所产生的应计入固定资产中的费用。第三，劳动力投入数据来自《中国统计年鉴》中国有企业和私营企业在石油和天然气开采业中的从业人数与年均工资额，进而得到该部门从业人员的每年工资总额（见表5-15），利用国家能源强度将其转换为每年消耗的能量值。能源投入总量如表5-16所示。

表5-12 石油天然气开采业直接投入（物理量）

年份	天然气 10^9 m^3	原油 10^3 t	电力 10^9 kW·h	柴油 10^3 t	原煤 10^3 t	燃料油 10^3 t	汽油 10^3 t	炼厂干气 10^3 t
1995	4.2	1750	25.9	1471	2197	1664	590	251
1996	3.0	1691	26.0	1486	2267	785	293	65

续表

年份	天然气 $10^9 m^3$	原油 $10^3 t$	电力 $10^9 kW \cdot h$	柴油 $10^3 t$	原煤 $10^3 t$	燃料油 $10^3 t$	汽油 $10^3 t$	炼厂干气 $10^3 t$
1997	4.2	3165	31.5	1566	3220	1109	358	352
1998	3.9	3125	29.8	1047	2164	1304	329	438
1999	4.6	3305	30.8	1453	1794	1488	418	562
2000	5.0	4085	32.2	1616	1916	1505	454	618
2001	5.8	4227	35.6	1771	1701	1542	436	605
2002	5.9	4482	36.5	1976	1627	1457	444	635
2003	6.2	5518	35.7	1683	1718	1249	391	600
2004	4.9	4990	36.3	1846	1703	338	366	372
2005	4.9	5037	38.5	1859	1701	272	257	391
2006	5.5	5654	31.6	1874	1771	289	295	430
2007	6.4	5695	31.1	1978	1745	271	310	333
2008	8.6	6963	31.8	2723	1429	386	278	366
2009	8.9	4869	33.3	2302	1415	270	250	336
2010	10.2	4823	34.8	1858	1627	324	242	356
2011	9.6	3675	37.5	1921	1545	267	225	362

表 5-13 石油天然气开采业直接投入（焦耳量）

年份	天然气	原油	电力	柴油	原煤	燃料油	汽油	炼厂干气
1995	162	73	93	63	46	70	25	12
1996	117	71	93	63	47	33	13	3
1997	163	132	113	67	67	46	15	16
1998	151	131	107	45	45	54	14	20
1999	177	138	111	62	37	62	18	26
2000	196	171	116	69	40	63	20	28
2001	227	177	128	76	36	64	19	28
2002	231	187	131	84	34	61	19	29
2003	240	231	128	72	36	52	17	28
2004	189	209	131	79	36	14	16	17

续表

年份	天然气	原油	电力	柴油	原煤	燃料油	汽油	炼厂干气
2005	190	211	139	79	36	11	11	18
2006	212	236	114	80	37	12	13	20
2007	249	238	112	84	36	11	13	15
2008	336	291	115	116	30	16	12	17
2009	346	204	120	98	30	11	11	15
2010	398	202	125	79	34	14	10	16
2011	375	154	135	82	32	11	10	17

表 5-14 石油天然气开采业间接投入

年份	原始数据（亿元）			转换系数	总量 (PJ)
	设备工器具购置	其他费用	总量	工业能源强度（MJ/元）	
1995	45	22	67	11.3	75
1996	52	23	75	9.6	72
1997	55	26	81	8.7	70
1998	61	32	93	8.4	78
1999	61	30	91	8.2	75
2000	69	36	105	7.6	80
2001	77	42	119	7.2	86
2002	86	56	142	7.0	99
2003	110	75	185	7.0	129
2004	136	105	241	6.8	164
2005	198	129	328	6.4	210
2006	251	197	448	5.9	264
2007	259	165	424	5.3	225
2008	444	202	646	4.7	304
2009	552	216	768	4.7	361
2010	584	240	825	4.2	346
2011	416	286	702	3.8	267

表 5-15 石油天然气开采业劳动力工资总额

年份	国有企业		私营企业		总量 (亿元)
	从业人数（万人）	年均工资（万元）	从业人数（万人）	年均工资（万元）	
1995	144.5	0.92			133
1996	120.2	1.07			129
1997	119.9	1.21			145
1998	113.8	1.29			147
1999	110.7	1.46			162
2000	57.4	1.63			94
2001	59.3	1.87			111
2002	55.4	1.97			109
2003	102.0	2.23			227
2004	94.7	2.58	0.15	0.88	244
2005	82.1	3.03	0.14	0.11	249
2006	91.3	3.40	0.19	0.14	311
2007	88.6	3.86	0.26	0.17	342
2008	109.5	4.68	0.84	0.19	514
2009	98.5	4.85	0.12	0.19	480
2010	102.0	4.49	0.12	0.21	461
2011	106.9	5.34	0.09	0.26	573

表 5-16 石油天然气开采业能源投入总量

单位：EJ

年份	直接能源投入	间接能源投入	能源投入总量
1995	0.54	0.08	0.62
1996	0.44	0.07	0.51
1997	0.62	0.07	0.69
1998	0.57	0.08	0.65
1999	0.63	0.07	0.70
2000	0.70	0.08	0.78
2001	0.76	0.09	0.85
2002	0.78	0.10	0.88
2003	0.80	0.13	0.93

续表

年份	直接能源投入	间接能源投入	能源投入总量
2004	0.69	0.16	0.85
2005	0.70	0.21	0.91
2006	0.72	0.26	0.98
2007	0.76	0.22	0.98
2008	0.93	0.30	1.23
2009	0.84	0.36	1.20
2010	0.88	0.35	1.23
2011	0.82	0.27	1.09

计算结果如图 5-15 所示，石油天然气开采业的标准 EROI 值在 1996 年达到一个最大值——14∶1，2011 年达到 11.5∶1，年均降低 1.5%。

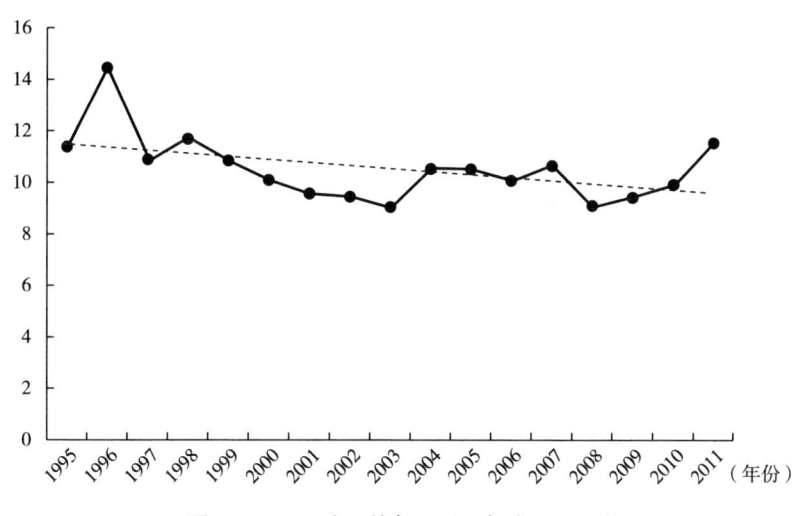

图 5-15 石油天然气开采业标准 EROI 值

另外，美国石油天然气开采的 $EROI_{stnd}$ 值与其钻井进尺呈反比关系[6,7]，也就是说，钻井进尺的加深已不能改变 $EROI_{stnd}$ 降低的基本趋势。本书也做了同样的分析，发现我国石油天然气开采业的 $EROI_{stnd}$ 与钻井进尺存在程度较小的反比关系（见图 5-16）。

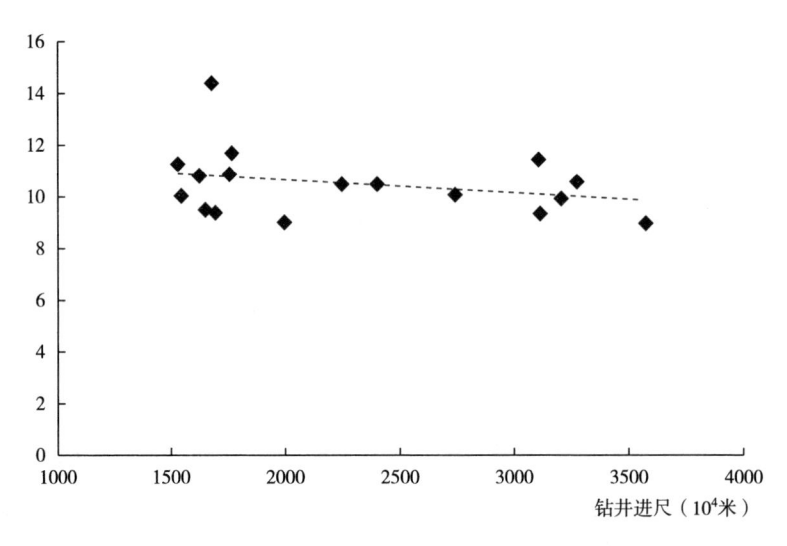

图 5-16　石油天然气开采业 $EROI_{stnd}$ 与钻井进尺之间的关系

值得注意的是，在上述计算中，本书使用了工业能源强度作为从现金流到能量流的转换系数，这一系数说明了建筑、设备、工具的生产所消耗的隐含能量。但是，这一消耗同时也可能发生在其他部门。因此，本书把能源强度作为敏感要素之一，考察其对 $EROI_{stnd}$ 的影响，结果如图 5-17 所示。

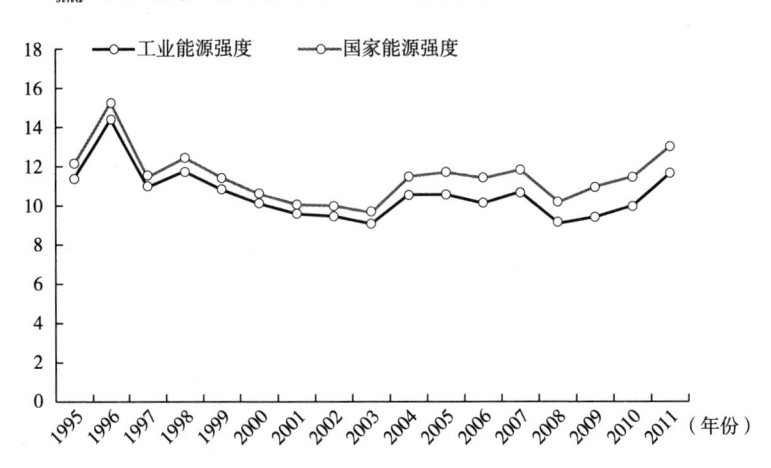

图 5-17　工业和国家能源强度对 $EROI_{stnd}$ 结果的敏感性分析

1995~2011年，国家能源强度与工业能源强度的比值均为1.8∶1~1.9∶1。从图5-17中可以看出，近八年来两种情况下取得的 EROI 值较之前年份差距更大，说明近些年设备工器具等间接投入越来越大，需使用更加精确的货币能源转换系数。

正如本书第四章的论述，涉及的投入层级越高，EROI 就越精确，且比标准 EROI 值低。依据《中国统计年鉴》中可得到的数据，本书进一步将劳动力消耗的能源量加入 EROI 计算中来，并与 $EROI_{stnd}$ 进行对比（见图5-18），加入劳动力消耗的 EROI 值与没有加入劳动力消耗的 EROI 值相差0.5~1。

图5-18 劳动力消耗与否对于 EROI 值的敏感性分析

二 煤炭开采和洗选业的能源回报

煤炭开采洗选业的产品主要为洗精煤（用于炼焦）、洗煤渣（用于发电）、泥煤（用于发电），这三者的产出量数据统计困难，但由于煤炭的洗选在本质上讲只是将其杂质去除，并没有改变原煤的化学性质和结构，也就是说，含热量并没有发生很大变化，因此本书用原煤作为煤炭开采洗选业的产出。煤炭开采洗选业的投入数据与石油天然气开采业的投入数据取得方式相同，其计算方式也与石油天然气开采业的计算方式相同。

煤炭开采洗选业的产出为原煤产量，进而转换为焦耳量，如表 5-17 所示。

表 5-17 煤炭开采洗选业产出量

年份	原煤产量		
	(10^6 tce)[a]	(10^6 t)	(EJ)
1995	972	1361	28.5
1996	998	1397	29.2
1997	991	1387	29.0
1998	951	1331	27.8
1999	974	1364	28.5
2000	989	1385	28.9
2001	1051	1471	30.8
2002	1107	1550	32.4
2003	1311	1835	38.3
2004	1516	2122	44.4
2005	1678	2349	49.1
2006	1806	2528	52.9
2007	1922	2691	56.3
2008	2001	2801	58.6
2009	2123	2972	62.1
2010	2274	3184	66.6
2011	2474	3463	72.4

原始数据来源：《中国能源统计年鉴 2012》

煤炭开采洗选业的直接投入包括原煤、电力、洗精煤、汽柴油等，将其全部转变为焦耳量，然后将直接投入和间接投入相加得到总的能源投入量（见表 5-18 至表 5-22）。

表 5-18 煤炭开采洗选业直接投入（物理量）

年份	原煤 10^6 t	电力 10^9 kW·h	洗精煤 10^6 t	其他洗煤 10^6 t	柴油 10^6 t	焦炭 10^6 t	汽油 10^6 t
1995	22.5	39.2	0.68	2.41	0.32	0.41	0.38
1996	22.3	37.7	0.80	3.82	0.24	0.47	0.26
1997	20.1	38.1	2.13	3.90	0.33	0.52	0.24
1998	26.0	42.9	1.23	3.66	0.35	0.47	0.29
1999	23.6	40.6	1.27	2.11	0.47	0.47	0.36
2000	22.0	41.7	1.76	2.02	0.54	0.53	0.36
2001	22.0	46.7	1.87	1.93	0.57	0.52	0.35
2002	22.9	52.1	1.18	1.85	0.60	0.48	0.34
2003	27.0	53.4	1.47	2.89	0.53	0.46	0.33
2004	48.2	58.3	1.75	2.75	0.65	0.26	0.18
2005	49.2	59.0	1.75	2.92	0.62	0.37	0.15
2006	51.2	58.0	1.55	2.99	0.62	0.41	0.17
2007	59.2	60.0	1.73	3.10	0.66	0.44	0.18
2008	60.0	64.0	1.89	3.73	0.90	0.35	0.22
2009	58.5	69.1	2.33	3.51	1.08	0.28	0.21
2010	62.3	75.2	1.87	3.33	1.41	0.25	0.20
2011	62.9	81.9	1.47	4.20	2.12	0.29	0.23

表 5-19 煤炭开采洗选业直接投入（焦耳量）

年份	原煤	电力	洗精煤	其他洗煤	柴油	焦炭	汽油
1995	470	141	18	25	13	12	16
1996	465	136	21	40	10	13	11
1997	421	137	56	41	14	15	10
1998	544	154	32	38	15	13	12
1999	494	146	33	22	20	13	15
2000	460	150	46	21	23	15	16
2001	461	168	49	20	24	15	15
2002	478	188	31	19	26	14	15

续表

年份	原煤	电力	洗精煤	其他洗煤	柴油	焦炭	汽油
2003	565	192	39	30	23	13	14
2004	1007	210	46	29	28	7	8
2005	1028	212	46	31	26	10	6
2006	1071	209	41	31	27	12	7
2007	1238	216	46	33	28	13	8
2008	1253	230	50	39	39	10	10
2009	1224	249	61	37	46	8	9
2010	1302	271	49	35	60	7	9
2011	1315	295	39	44	91	9	10

表 5-20 煤炭开采洗选业间接投入

年份	原始数据（亿元）			转换系数	总量 (PJ)
	设备工器具购置	其他费用	总量	工业能源强度（MJ/元）	
1995	91	27	118	11.3	133
1996	106	28	134	9.6	129
1997	112	32	144	8.7	125
1998	124	39	163	8.4	137
1999	126	36	162	8.2	133
2000	142	43	185	7.6	141
2001	158	51	209	7.2	150
2002	176	67	243	7.0	170
2003	225	91	316	7.0	221
2004	258	67	325	6.8	221
2005	435	143	578	6.4	370
2006	477	180	657	5.9	388
2007	627	186	813	5.3	431
2008	849	279	1128	4.7	530
2009	1057	403	1459	4.7	686
2010	1257	531	1788	4.2	751
2011	1591	599	2191	3.8	833

表 5-21 煤炭开采洗选业劳动力工资总额

| 年份 | 国有企业 | | 私营企业 | | 总量 |
	从业人数（万人）	年均工资（万元）	从业人数（万人）	年均工资（万元）	（亿元）
1995	598.1	0.56			356
1996	579.8	0.64			389
1997	568.7	0.67			403
1998	464.2	0.68			348
1999	426.9	0.67			330
2000	345.4	0.76			263
2001	324.3	0.89			288
2002	320.7	1.01			325
2003	346.3	1.19			412
2004	319.9	1.53	30.1	0.88	515
2005	322.8	1.88	39.5	0.11	652
2006	335.3	2.31	48.7	0.14	841
2007	319.9	2.73	61.3	0.17	978
2008	333.5	3.30	87.8	0.19	1275
2009	339.5	3.73	90.1	0.19	1435
2010	346.3	4.49	101.1	0.21	1767
2011	347.9	5.34	90.1	0.26	2088

表 5-22 煤炭开采洗选业能源投入总量

单位：EJ

年份	直接能源投入	间接能源投入	能源投入总量
1995	0.70	0.13	0.83
1996	0.70	0.13	0.83
1997	0.69	0.13	0.82
1998	0.81	0.14	0.95
1999	0.75	0.13	0.88
2000	0.73	0.14	0.87

续表

年份	直接能源投入	间接能源投入	能源投入总量
2001	0.75	0.15	0.90
2002	0.77	0.17	0.94
2003	0.88	0.22	1.10
2004	1.34	0.22	1.56
2005	1.36	0.37	1.73
2006	1.40	0.39	1.79
2007	1.58	0.43	2.01
2008	1.63	0.53	2.16
2009	1.63	0.69	2.32
2010	1.73	0.75	2.48
2011	1.81	0.83	2.64

资料来源：《中国统计年鉴2012》《中国能源统计年鉴2012》。

计算结果显示，煤炭开采洗选业的 $EROI_{stnd}$ 值较石油天然气开采业结果偏大，但下降趋势更为明显，在1997年和2003年均达到35∶1，其间整体波动下降，如图5-19所示。与石油天然气开采业的 EROI 值比较，我国煤炭具有较高的生产价值。

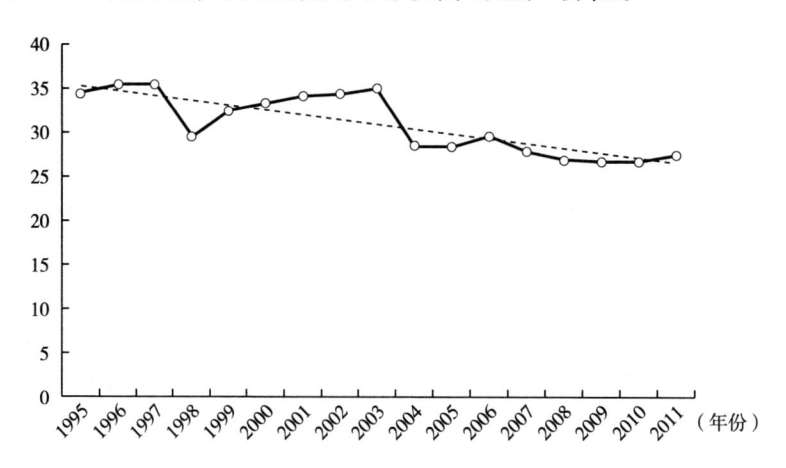

图5-19 煤炭开采洗选业 $EROI_{stnd}$ 值

与石油天然气工业 EROI 值的分析类似，本书也对煤炭开采洗选业进行了能源强度要素和劳动力消耗要素的敏感性分析（见图 5-20 和图 5-21）。

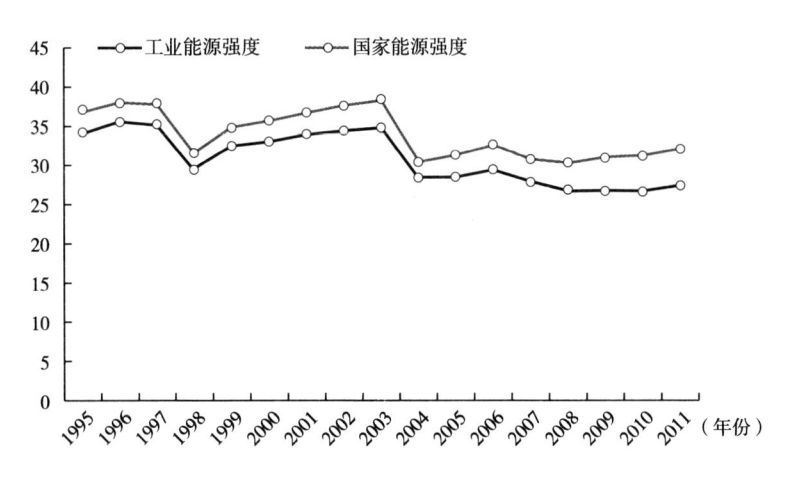

图 5-20　工业和国家能源强度对 $EROI_{stnd}$ 结果的敏感性分析

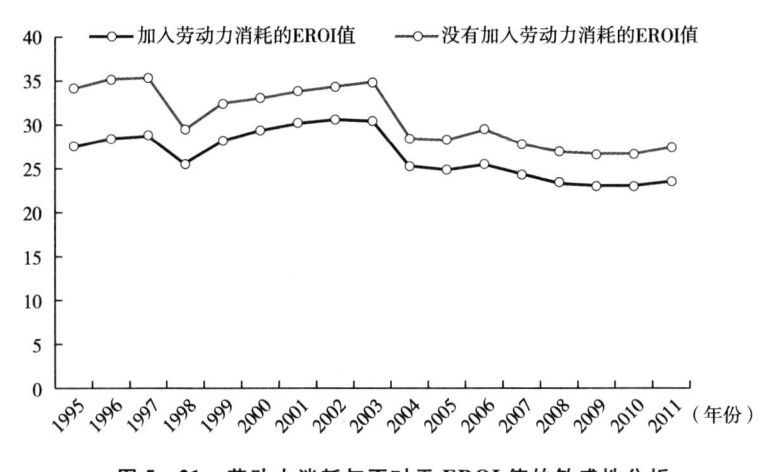

图 5-21　劳动力消耗与否对于 EROI 值的敏感性分析

结果显示，1995~2011 年采用工业能源强度和采用国家能源强度的 $EROI_{stnd}$ 值差距均保持在 2.5~4 之间，说明煤炭开采业对间接能源的消耗在总能源投入中的比例没有太大变化；加入劳动力消耗的 EROI 值比标准 EROI 值结果低 3~5。

三 化石能源能源回报的规律分析

通过对以上两种化石能源 EROI 值的测算，可以得到我国化石能源 EROI 值的基本规律。首先，下降趋势不可逆转。1995~2011 年，我国石油天然气开采业和煤炭开采洗选业的 EROI 值整体均呈下降趋势。在化石能源生产的整个生命周期内，随着累积产量的不断增加，其 EROI 值呈现先上升后下降的趋势[8]（见图 5-22），下降趋势一旦出现就无法逆转，直到能源生产平衡点的出现。

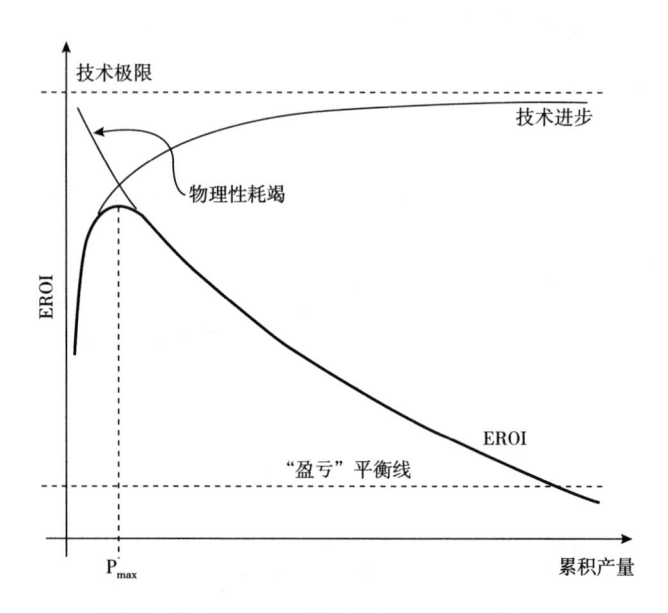

图 5-22 累积产量增加时 EROI 的整体趋势

其次，化石能源 EROI 值的峰值早于净能源峰值出现，净能源峰值早于产量峰值出现。我国化石能源 EROI 值已过最大值，并呈现下降趋势，与此同时净能源量保持上升趋势，但是由于能源成本的不断增加，净能源峰值必然会早于产量峰值出现（见图5-23）。图5-23中，纵轴表示能源量，横轴表示时间，总能源产量用X表示，X = A + B + C + D，D为直接能源消耗，C为间接能源消耗，B为环境外部性，A为净能源。

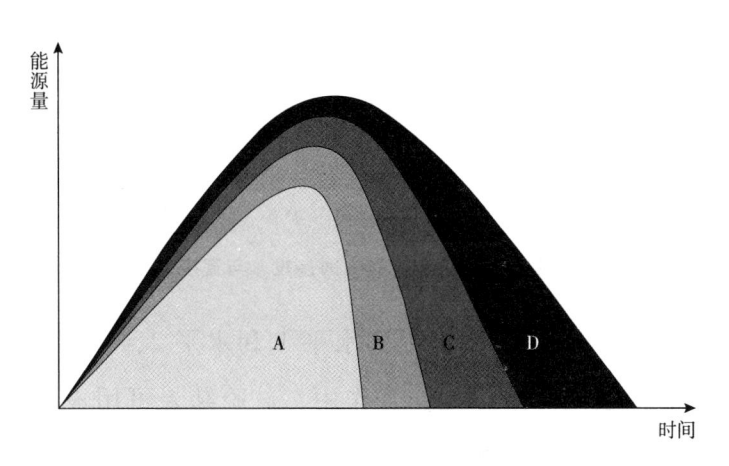

图 5-23　化石能源生产整个生命周期下净能源与总能源

再次，从大部分国内外研究看，化石能源生产过程中的间接投入是直接投入的1/3~1/2。由于直接投入数据的取得较为容易，而间接投入的统计和单位转换较为复杂，所以通过这一规律就可以对化石能源生产的EROI值进行估算。同样，我国化石能源生产过程中间接投入与直接投入的比值也在近几年呈现这样的趋势（见图5-24），2005~2011年的比例为30%~45%。

最后，合理控制投入量可以延缓EROI值的下降。为了进一步考察一些变动因素对EROI值的影响，本书采用多因素的正交试验分析方法研究各要素对EROI值的影响程度和敏感主次，以便优化组合不同产出投入要素延缓能源回报基准值的到来。取1995~2011年的年平均变动率的绝对值为水平变动率，以2011年数据为

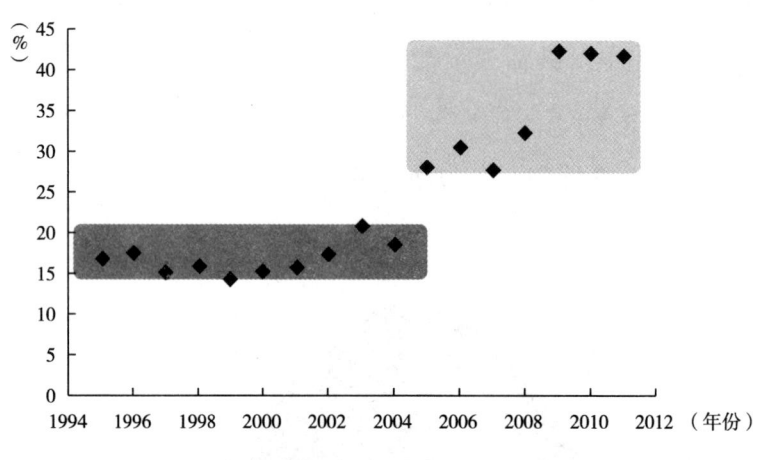

图 5-24　化石能源生产过程中间接投入与直接投入的比值

基础分别增减水平变动率，得到水平 1 和水平 2，选用 L_{12}（2^{11}）正交表。各因素间均不存在交互作用，试验结果可用极差分析法。石油天然气开采业的 $EROI_{stnd}$ 值大小对各因素的敏感程度最大的是原油投入量，最小的是原煤投入量；煤炭开采洗选业的 $EROI_{stnd}$ 值大小对各因素的敏感程度最大的是部门产量，最小的是洗煤投入量。单从 EROI 值计算公式出发，若想提高 EROI 值，无非在增加产量的同时减少各种投入量，但是所有投入量同时减少并不能带来产量的增长，因此应当在满足产量增长计划的前提下合理优化各要素的投入量。对于石油天然气开采业来讲，应当提高汽油的使用量，同时减少其他各种投入要素的使用量；对于煤炭开采洗选业来讲，应当增加洗煤和焦炭的使用量，同时减少其他投入要素的使用量。

参考文献

[1] Aurelie Mejean, Chris Hope, "Modelling the Costs of Non-conventional Oil: A case Study of Canadian Bitumen," *Energy Policy*, 2008 (36): 4205-4216.

[2] Dongkun Luo, Xu Zhao, "Modeling the Operating Costs for Petroleum Exploration and Development Projects," *Energy*, 2012 (40): 189 – 195.

[3] Alan McDonald, Leo Schrattenholzer, "Learning Rates for Energy Technologies," *Energy Policy*, 2001 (29): 255 – 261.

[4] Dale, M., Krumdieck, S., Bodger, P., "Global Energy Modeling—A Biophysical Approach (GEMBA) Part 2: Methodology," *Ecological Economics*, 2012 (73): 158 – 167.

[5] Charles, A. S., Hall, Stephen Balogh, David J. R., Murphy, "What is the Minimum EROI that a Sustainable Society Must Have?" *Energy*, 2009 (2), 25 – 47.

[6] Megan, C. G., Charles, A. S., Pete, O. C., et al., "A New Long Term Assessment of Energy Return on Investment (EROI) for U. S. Oil and Gas Discovery and Production," *Sustainability*, 2011, 3: 1866 – 1887.

[7] Hall, C. S., Cleveland, C. J., "Petroleum Drilling and Production in the United States: Yield Per Effort and Net Energy Analysis," *Science*, 1981, 211: 576 – 9.

[8] Michael Dale, Susan Krumdieck, Pat Bodger, "Net Energy Yield from Production of Conventional Oil," *Energy Policy*, 2011, 39: 7095 – 7102.

第六章 我国化石能源能源回报对经济增长的影响

从本书前文的论述，我们可以清楚地认识到化石能源生产过程中 EROI 值的下降，不仅意味着能源质量的降低、生产成本的提高，而且意味着可以给经济系统做"贡献"的净能源量的大幅度减少。这必将对我国未来的经济增长速度产生一定的冲击。因此，基于前几章的计算数据，本章将得出我国未来的化石能源供应"净量"，以此预测出我国未来经济增速的潜力，并将该结果与从传统的预测角度出发得到的结论进行比较分析。

第一节 理论基础

一 经验观察的相关关系

近年来，我国经济一直处于高速增长的态势，取得的成果位于世界前列，并于 2010 年超过了日本，成为世界第二大经济体。辉煌的背后是诸多因素共同推动的结果，如技术进步、政策开放以及人口红利等，但其中最值得关注和思考的是，高能耗对我国

第六章 我国化石能源能源回报对经济增长的影响 | 123

经济飞速发展的推动作用以及该模式未来的可持续性。

在过去的十几年中，我国能源消耗总量已从2001年的14.7亿吨标准煤，增长到了2012年的36.2亿吨标准煤，年均增速为10.7%，仅次于美国，位列全球第二。与此同时，我国实际GDP（以1978年作为基期）也从2001年的30001亿元增长到2011年的82032亿元，年均增速为10.6%。能耗与经济增长两者的紧密关系如图6-1所示。

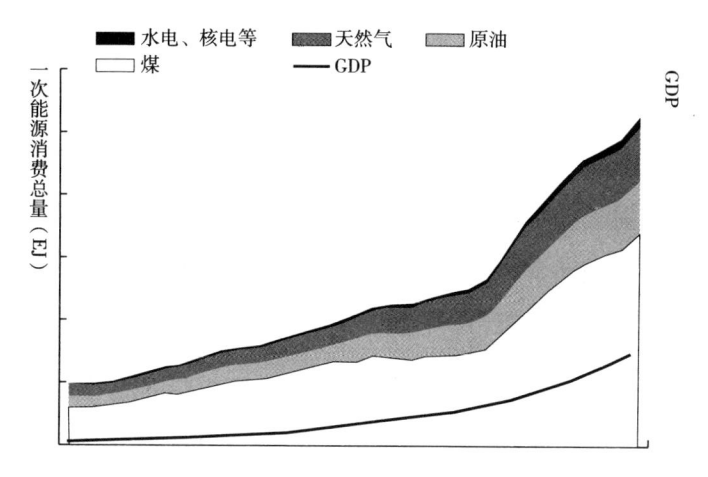

图6-1 我国一次能源消费与实际GDP的历史趋势图
资料来源：《中国统计年鉴2012》《中国能源统计年鉴2012》。

在上述历史数据的基础上，我们再对一次能源消费和实际GDP做出一个基本相关性趋势图，如图6-2所示。得出的结果是，两者的相关系数达到了0.9833，呈高度相关性。

二 计量检验的因果关系

虽然该高相关性可以基本判断出未来我国经济增长及潜力的推动因素，但不能判定出一次能源消费与实际GDP的因果关系。

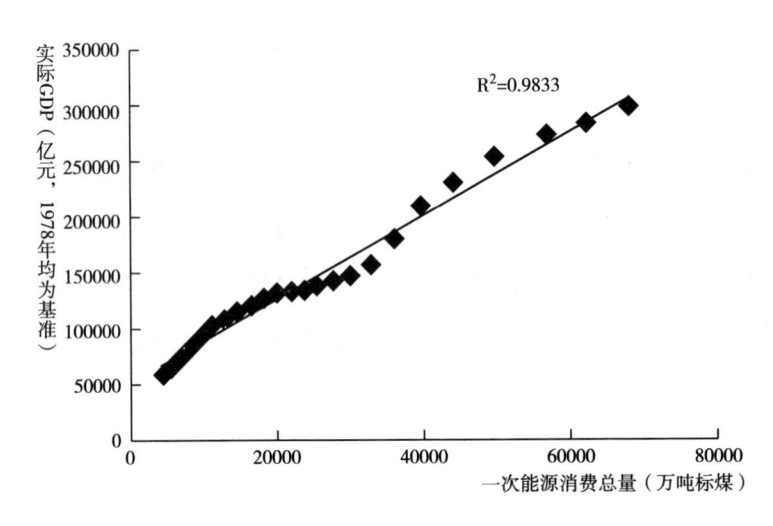

图 6-2 一次能源消费与实际 GDP 之间的相关关系

资料来源:《中国统计年鉴 2012》《中国能源统计年鉴 2012》。

因此我们就需要进行更深层次的分析。计量经济学中的协整性与因果关系的检验方法是分析不同变量间因果关系常用且有效的方法。此处仍选取 1980～2011 年的化石能源消费量与实际 GDP（以 1978 年作为基期）数据进行检验，分析过程借助于计量经济软件 Eviews 5.0 完成。其中，化石能源消费量（JFOS）的统计数据来源于《中国能源统计年鉴》，单位是千万亿焦耳；实际 GDP 数据来源于《中国统计年鉴》，单位是亿元。

（一）单位根检验

一般来讲，当时间序列不平稳性时，会导致"伪回归"现象，因此，在建立计量模型之前要对所用的时间序列进行单位根检验，以确定各序列的平稳性和单整阶数。单位根检验普遍采用 ADF 检验方法，该方法可以检验三个模型（如公式6.1 至公式6.3）。

$$\Delta X_t = a + \delta X_{t-1} + \sum_{i=1}^{m} \beta_i \Delta X_{t-i} + \varepsilon_t \quad (6.1)$$

$$\Delta X_t = a + \beta t + \delta X_{t-1} + \sum_{i=1}^{m} \beta_i \Delta X_{t-i} + \varepsilon_t \tag{6.2}$$

$$\Delta X_t = \delta X_{t-1} + \sum_{i=1}^{m} \beta_i \Delta X_{t-i} + \varepsilon_t \tag{6.3}$$

当上述三个检验模型中有一个 ADF 值大于临界值的话，就可以认为所考察的时间序列没有单位根，是平稳的，检验结果如表 6-1 所示。检验从模型 1 开始，然后是模型 2、模型 3。如果其中任何一个检验模型中的序列是平稳的，可以判定序列是平稳的；如果三个检验模型结果显示序列都是不平稳的，可判定该序列是不平稳的。

表 6-1　化石能源消费量和实际 GDP 的单位根检验结果

变量	检验类型 (c, t, k)	ADF 值	临界值 $a=1\%$	临界值 $a=5\%$	临界值 $a=10\%$	P 值	结论
GDP	(0, 0, 2)	3.8122	-2.6501	-1.9534	-1.6098	1.00	不平稳
△GDP	(0, 0, 2)	2.9699	-2.6534	-1.9539	-1.6096	1.00	不平稳
△²GDP	(1, 1, 1)	-5.3099	-4.3393	-3.5875	-3.2292	0.00	平稳
JFOS	(0, 0, 4)	2.4565	-2.6569	-1.9544	-1.6093	0.99	不平稳
△JFOS	(0, 0, 0)	-0.7993	-2.6471	-1.9529	-1.6100	0.36	不平稳
△²JFOS	(1, 1, 0)	-4.8483	-4.3240	-3.5806	-3.2253	0.00	平稳

表 6-1 中的 △ 为一阶差分，△² 为二阶差分；检验类型 (c, t, k) 中的 c 或 t 取 1 代表存在常数项和时间趋势，取 0 代表不存在常数项和时间趋势；k 表示滞后阶数，根据 AIC 最小原则选定。结果显示，实际 GDP 和化石能源消费量的二阶差分时间序列数据分别都是平稳的。

（二）协整分析和误差修正模型

协整理论的目标是判断两个或两个以上变量间是否具有长期

稳定的均衡关系，这种关系的判断是考察因变量被自变量所构成的线性组合中的残差序列。也就是说，协整检验就是检验回归方程的残差项是否存在单位根。本书应用格兰杰（Engle - Granger）方法检验两个变量之间的协整关系。

首先进行协整回归，用普通最小二乘法（OLS）估计 GDP 和 JFOS 之间的方程，即 $GDP_t = -13760.8 + 0.96 JFOS_t + e_t$。进而，检验 e_t 序列的平稳性。结果显示，在 5% 的置信区间上，无时间趋势、无常数项的 ADF 检验拒绝零假设，即 GDP 与能源消费间存在长期稳定的协整关系。

检验结果显示，我国化石能源消费量和实际 GDP 之间拟合效果较好，存在长期协整的关系，但其 DW 值偏小，协整方程构成的残差序列存在自相关。这时，需要建立误差修正模型（ECM），加入滞后变量，重新对这两个变量进行回归，公式为：$D(GDP) = 1.048D[JFOS(-1)] + 0.99D[GDP(-1)] - 0.96D[JFOS(-2)]$，经过误差修正模型，DW 得到了较好的数值，即 2.05，残差序列已经不存在自相关和谬误回归。

（三）格兰杰因果检验

要分析出实际 GDP 和化石能源消费之间的因果关系还需要对两者进行格兰杰因果关系检验。根据 AIC 规则，滞后 2 阶的检验模型不具有 1 阶自相关，具有较小的 AIC 值，具体检验结果如表 6-2 所示。

表 6-2　化石能源消费和实际 GDP 之间格兰杰因果检验结果

零假设	P 值	结论
JFOS 不是 GDP 的 Granger 原因	0.043	拒绝
GDP 不是 JFOS 的 Granger 原因	0.071	接受

表6-2的检验数据显示，两者具有长期稳定的均衡关系，化石能源消费量是实际GDP的格兰杰原因，GDP不是化石能源消费量的格兰杰原因。也就是说，能源要素的投入能够增加经济的产出，是引起GDP增长的动力，这与能源经济理论是相符的。结果还显示，GDP增长带动能源消费的趋势不明显，说明我国能源效率逐渐得到提高，经济活动对于能源的依赖度降低，能源政策的调整也取得了一定进展。这一结论带来了更深层次的含义，经济持续稳定的增长需要有能源供应量或未来能源可消费量做保障，否则必然对经济增长造成约束和限制。由此，我国在制定能源政策时既要考虑到对经济增长目标的冲击，又应当充分估计能源供应压力的严重性和紧迫性。

第二节 化石能源供应净量的预测

在认清了我国能源消耗和经济增长间的关系后，就需要对我国未来的化石能源供应量进行预测。从前文我们已经知道，对经济真正起贡献作用的是能源供应净量，因此对净量的预测是重点。这时就需要我们对产量和净进口量以及能源生产中的消耗量分别进行预测，再根据两者的关系求出供应净量。

一 产量和净进口量预测

对于国内产量，前文论述了未来我国化石能源产量的三种可能性，将其单位转换成焦耳量并预测到2025年。对于净进口量，本书采用情景分析法，取净进口量与产量的比值，分为高、中、低三种情景并预测到2025年。1980~2011年，我国煤炭净进口量与产量之比平均为 2.8，2011 年为 1.75；原油净进口量与产量之比平均为 62.5，2011 年为 122.5；天然气净进口量与产量之比平均为 7，2011 年为 27.2。三种化石能源的净进口量与产量比值的情景设置见表 6-3。

表 6-3 三种化石能源的净进口量与产量比值的情景设置

单位：%

	低情景	中情景	高情景
煤 炭	1	3	5
原 油	100	120	140
天然气	10	20	30

二 能源生产中的消耗量预测

能源生产中的能耗主要体现在投入环节，而投入又受到多种因素的影响，如开采技术、生产过程、地质和经济条件等。Coughlin[1]结合地质条件等因素研究了能源生产部门的消耗问题，发现如果能源部门单位产量的能源消耗为 0%～20%，那么无论采用线性方法还是非线性方法，整个经济消耗的能源量与除能源部门外的经济部门的能源消耗量比值（μ）几乎就没有差别（见图 6-3），且 EROI 等于 $\mu/(\mu-1)$。因此，本书首先采用线性趋势外推法对

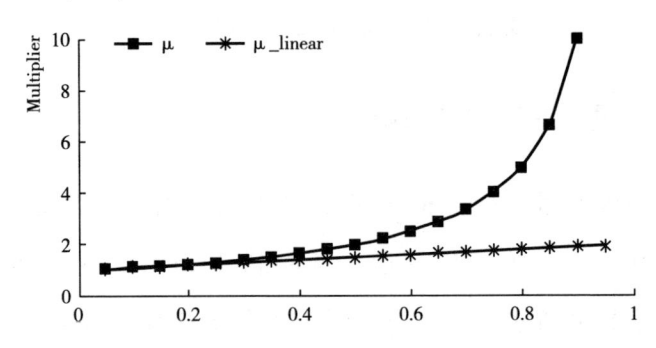

图 6-3 能源生产部门单位产出能源消耗下线性与非线性的 μ 比较

石油天然气开采业和煤炭开采洗选业 2012～2025 年在能源生产过程中的能源消耗量进行预测，并将其与三种情景下的产出做比值，发现两个部门单位产出的能源消耗量为 3%～11%，均小于 20%，说明本书采用的方法是可行的。

三 能源供应净量预测

由于本书将能源生产过程中的能源消耗量考虑进来，所以这里所述的供应量应是我国国内产量与净进口量的总和再减去化石能源生产部门的消耗量，称为"能源供应净量"。产量的低、中、高三种情景分别与净进口量的低、中、高三种情景相加，并分别减去两个部门生产的总消耗量，得到 2012～2025 年我国化石能源供应净量（见表 6-4）。我国"十二五"能源规划中，将一次能源消费总量目标控制在 40 亿吨标准煤，化石能源消费总量占总消费量的 89.6% 左右，也就是说，化石能源消费量预计为 35.8 亿吨标准煤，约合 120EJ，与设置的中情景接近。因此，本书将中情景称为"能源消费总量控制的基准情景"，将其他两种情况分别称为低情景和高情景，以便与基准情景下取得的 GDP 增速进行比较分析。

表 6-4 三种情景下 2012～2025 年我国化石能源供应净量（10^{18} J）

年份	煤炭	原油	天然气	两个部门生产的总消耗
		低情景		
2012	78.82	16.60	5.14	3.75
2013	83.73	16.73	5.68	3.90
2014	88.29	16.84	6.23	4.04
2015	92.38	16.93	6.81	4.19
2016	95.88	17.00	7.39	4.34
2017	98.72	17.04	7.97	4.49

续表

年份	煤炭	原油	天然气	两个部门生产的总消耗
低情景				
2018	100.82	17.05	8.56	4.64
2019	102.12	17.05	9.13	4.79
2020	102.61	17.02	9.69	4.94
2021	102.27	16.97	10.24	5.09
2022	101.14	16.89	10.75	5.23
2023	99.25	16.80	11.24	5.38
2024	96.65	16.68	11.69	5.53
2025	93.43	16.54	12.09	5.68
年份		基准情景		
2012	80.01	18.42	5.64	3.75
2013	84.96	18.61	6.24	3.90
2014	89.67	18.79	6.88	4.04
2015	94.03	18.94	7.54	4.19
2016	97.98	19.07	8.23	4.34
2017	101.42	19.19	8.93	4.49
2018	104.29	19.28	9.64	4.64
2019	106.54	19.35	10.36	4.79
2020	108.14	19.40	11.09	4.94
2021	109.07	19.43	11.80	5.09
2022	109.31	19.43	12.51	5.23
2023	108.89	19.42	13.20	5.38
2024	107.82	19.39	13.86	5.53
2025	106.16	19.34	14.51	5.68
年份		高情景		
2012	81.19	20.27	6.14	3.75
2013	86.17	20.53	6.82	3.90
2014	91.02	20.78	7.54	4.04
2015	95.68	21.01	8.30	4.19

续表

年份	煤炭	原油	天然气	两个部门生产的总消耗
	高情景			
2016	100.08	21.22	9.10	4.34
2017	104.14	21.42	9.93	4.49
2018	107.82	21.59	10.79	4.64
2019	111.06	21.76	11.67	4.79
2020	113.81	21.90	12.56	4.94
2021	116.04	22.02	13.47	5.09
2022	117.72	22.13	14.39	5.23
2023	118.83	22.22	15.31	5.38
2024	119.36	22.30	16.23	5.53
2025	119.31	22.35	17.14	5.68

第三节　化石能源供应净量对经济增长潜力的预测

在过去的十几年中，我国的经济发展速度令世人瞩目，尤其是进入 21 世纪后，我国的年均经济增长率更是令很多发达国家都感到惊讶，被国际社会誉为"中国经济奇迹"。但在经济快速增长的背后，我们也必须清楚地看到这种高增长是由高耗能所支撑的，是一种已被先进国家所证实的不可持续发展的经济模式。

这就不得不使我们思考，在化石能源供应净量受到限制的情况下，我国在"十二五"规划中制定的，到 2015 年年均 8% 的增长目标是否能够实现，对我国未来经济的增长是否造成严重冲击。研究这些问题对于我国制定能源战略和政策以及实现经济、社会的可持续发展都具有重要意义。

一 方法简介

(一) 柯布-道格拉斯生产函数简介

生产函数是指在技术水平相对稳定的一段时期内,生产过程中"投入"所涉及的各种要素的数量与"产出"中最大产量之间的关系模型。该函数概念自 1928 年首次出现以来就得到了高度关注,经过长时间的发展,已在生产分析、经济增长等领域被广泛应用,学术界更是在生产函数的一般形式上,先后提出了柯布-道格拉斯(C-D)生产函数、固定替代弹性(CES)生产函数、可变替代弹性(VES)生产函数、超越生产函数等改进模型[2]。其中,以美国数学家 C. W. 柯布和经济学家保罗·H. 道格拉斯的名字命名的柯布-道格拉斯生产函数经过了大量实证研究,是经济学中使用最广泛的一种生产函数。其基本形式如下:

$$Y = F(K,L) = K^{\alpha}L^{1-\alpha}, 0 < \alpha < 1 \tag{6.4}$$

其中,Y 为经济产出,K 为资本量,L 为劳动力,α 表示资本产出弹性,$1-\alpha$ 表示劳动产出弹性。

生产函数中的参数是内在产出关系、样本数据特征、典型投入要素等因子的体现,其结构比较灵活多样。因此,很多研究者以柯布-道格拉斯生产函数为基础,在探求影响经济增长的内生因素时,不断变换函数的参数或引进其他因素,从而形成了众多的生产函数变形及分支。

因为受到不同经济理论的影响,不同时期的生产函数分别经历了从单个资本到资本组合形式的变化,从简单劳动到复杂劳动的变化,从资本与劳动力双要素到额外考虑制度、组织形式、文化、政府作用等多因素的变化[3]。

不同生产函数模型为理解经济增长问题提供了可供参考的解释，也为调节经济的政策及实践提供了理论依据。但由于理论无法与现实完全相符，研究者只能将各种生产函数向经济现实逐渐逼近。若想使原有模型对现实具有一定的指导和预测作用，就需要在研究方法上有所突破。

传统经济学理论适用于存在大量的且能持续供应的能源以及可承受的成本的背景下。因为只有这样，能源才能保障经济活动的可行性，一定的经济政策或理论才可发挥作用。但随着后石油时代的来临，化石能源产量增长缓慢甚至达到峰值、石油价格不断攀升，这时就不能将资源视为"自然的馈赠"，而应当是"珍贵的宝藏"。能源的限制性作用将不仅体现在未来经济部门的消耗上，还体现在其自身生产的消耗上。因此，若忽视经济理论发展的大背景，其适用性和阶段性的缺点就会凸显出来，那么曾经带来经济增长的理论很可能会成为阻碍今后持续增长的障碍。

为了体现化石能源对经济增长的约束作用以及能源与资本、劳动力共同对经济产生的影响[4-9]，Nel[10]等人建立了能源型生产函数形式，如公式6.5所示。

$$Y = F(E_\mu, K, L) \qquad (6.5)$$

其中，Y为经济产出，一般用GDP来衡量；K和L分别表示资本和劳动力数量；E_μ表示能源消费总能量中的有效能，与能源消费结构、技术进步等因素相关。

公式6.5进一步细化为：

$$Y = A_0 e^{\partial t} \sum_i [\mu_i(t) E_{th,i} - \xi_i(E_i, t)] \qquad (6.6)$$

其中，$A_0 e^{\partial t}$ 表示指数增长型系数，这里假设为了满足经济增长的需求，每年有足够的资本、劳动力和技术创造力的供应，将三者作为内生变量进行求解；∂ 表示增长指数；t 表示时间，即年份；$E_{th,i}$ 表示第 i 种能源的总能量；μ_i 表示第 i 种能源的有效能系数或燃料效率；$\xi_i(E_i, t)$ 表示在时间 t 生产第 i 种能源所需要消耗的能源量；$\mu_i(t) E_{th,i} - \xi_i(E_i, t)$ 表示可供经济系统消费的净能源量或能源回报。Nel[10]等的研究并没有将生产过程中的能源消费量加入进来，本书将其加入进来，完善公式6.6的运算。

每种燃料的有效能系数 μ 均具有时间趋势性。随着技术的进步和燃料消费结构的优化，每种有效能系数在时间序列上总体呈现逻辑斯蒂曲线形式，如公式6.7所述：

$$\mu = \frac{\mu_1}{1 + \alpha e^{-ct}} + \ell_t \qquad (6.7)$$

其中，μ_1 为 μ 的极限饱和值，c 为增长速度因子，α 为系数，ℓ_t 为残差时间序列。

将公式6.7代入公式6.6，并将GDP视作经济产出，那么完整的能源回报型生产函数形式为：

$$GDP = A_0 e^{\partial t} \sum_i [(\frac{\mu_{1,i}}{1 + \alpha e^{-ct}}) E_{th,i} - \xi_i(E_i, t)] \qquad (6.8)$$

其中，历史数据中 GDP、$E_{th,i}$、$\xi_i(E_i, t)$ 为已知参数，其他均为未知参数。

二 估计结果

本书选取1980~2011年已知参数的历史数据，根据最小二乘法准则，利用一阶残差方程求解未知系数，公式表示为：

$$残差 = Min \sum_{j=1950}^{2011} \left| GDP_j - \left[A_o e^{\partial t} \sum_i \left(\frac{\mu_{1,i}}{1+\alpha e^{-ctj}} \right) E_{th,i,j} - \xi_{i,j}(E_{i,j},t) \right] \right| \quad (6.9)$$

公式6.9为包含11个未知系数的非线性方程。根据该特点，本书采用Lingo语言软件进行编程，从而拟合曲线，使得残差的绝对值之和最小，求解出每个系数。

Lingo语音是Linear Interactive and General Optimizer的缩写，即"交互式的线性和通用优化求解器"，可用于线性方程和非线性方程的未知系数以及目标规划等多元方程的求解。它的特色就是利用公式将复杂问题简明地表示出来，并按目标优先级逐级展开，灵活、可靠、有效地求出问题的最优解。

本书将公式6.9和约束条件用Lingo语言编程实现结果。这里需要对该程序进行三点说明。一是数据选择问题。GDP采用1980~2011年的实际GDP数据（以1978年为基准年），$E_{th,i,j}$分别表示煤炭、石油、天然气历史消费的焦耳量。二是部门数据拆分问题。由于《中国能源统计年鉴》没有将石油天然气部门在自身生产过程中的消耗数据分离出来，所以在本程序中经济增长所消耗的能源数据仅能分为两部分，而非三部分（即产量、净进口量、能源生产过程中的消耗量）。三是能源消耗问题。本程序中应当将能源生产部门的自身消耗数据体现在ξ中，但《中国能源统计年鉴》已将其统计在能源消耗总量E_{th}中，且占总消耗量的比重非常小，此处没必要再进行拆分，但在之后对未来GDP预测的过程中需要进行拆分处理。未知参数的模拟结果如表6-5所示。

表 6-5 未知参数解

能源种类	μ_1	α	c	A_0	∂
煤炭	0.458	5.804	0.004		
石油	0.865	0.0001	0.049	140.31	0.0329
天然气	0.893	0.0001	0.045		

将表 6-5 中的已知参数代入公式 6.8 中，利用 Matlab 取得模拟 GDP 和实际 GDP，如图 6-4 所示。

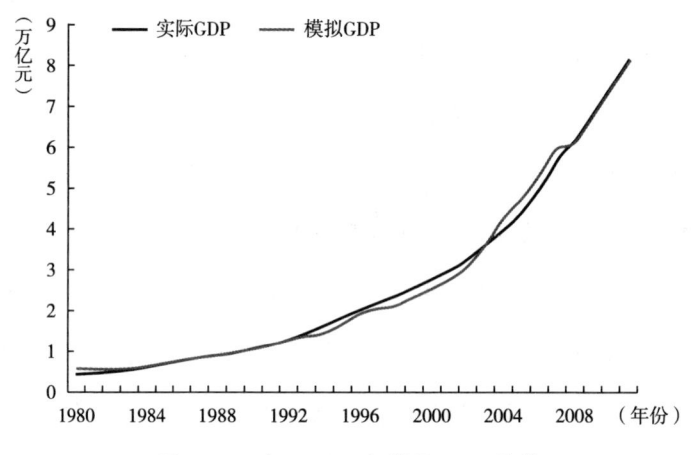

图 6-4 实际 GDP 与模拟 GDP 趋势

图 6-4 明显地显示出实际 GDP 和模拟 GDP 整体拟合效果良好，两者相关度达到 0.997，为高度相关。但 1992~2005 年实际 GDP 与模拟 GDP 的拟合效果相对于其他时间段较差，出现这种情况主要有两个原因。一是数据的可靠性、真实性有待时间的检验和考证。利用历史数据解释并预测未来是目前无法解决的困难。二是我国 1990 年后政策的不稳定性在很大程度上决定了 GDP 的突变性以及自身增长的曲线形式，不可能完全与理想曲线进行拟合。

三 预测结果与分析

根据上述设置的三种情景的净能源供应量分别求解 GDP，三种情景下的 GDP 走势如图 6-5 所示。

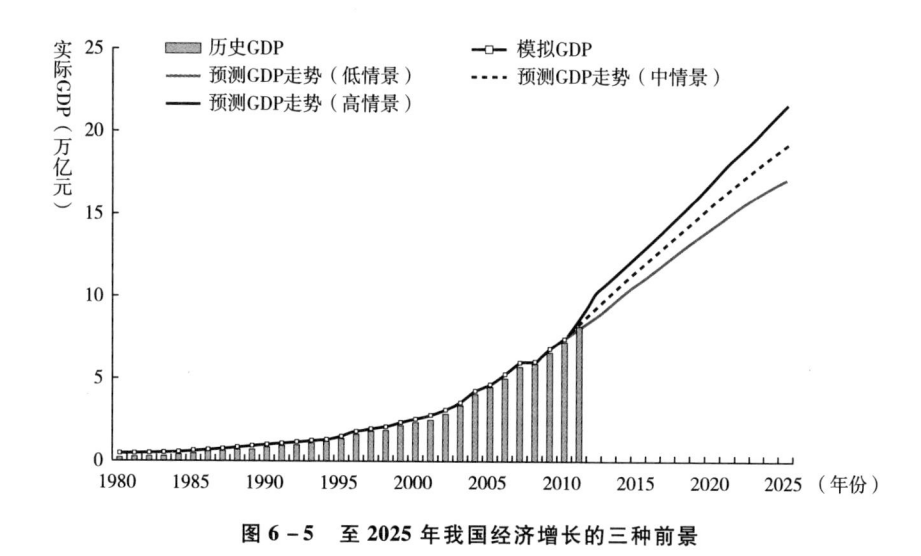

图 6-5 至 2025 年我国经济增长的三种前景

虽然实际 GDP 整体呈上升趋势，但其每五年的实际 GDP 增速却呈现下降趋势，如表 6-6 所示。

表 6-6 1981~2010 年每五年历史 GDP 增速以及 2011~2025 年预测 GDP 增速

单位：%

历史增速	时间段	1981~1985 年	1986~1990 年	1991~1995 年	1996~2000 年	2001~2005 年	2006~2010 年
		10.76	7.92	12.28	8.64	9.76	11.23
预测增速	时间段	2011~2015 年	2016~2020 年	2021~2025 年			
	低情景	7.56	5.71	3.66			
	基准情景	9.26	6.01	4.29			
	高情景	10.99	6.30	4.86			

比较本书的预测结果与已有研究的预测结果可以发现，2011~2015年本书预测的结果与世界银行预测的结果最为相近，2016~2020年与Wilson和Stupnytska的研究结果最为相近，如表6-7所示。由于本书更多地考虑了化石能源供应的约束性和能源生产中的消耗量，所以对2016~2020年的GDP增速预测比大部分国外研究者的预测结果要低。

表6-7 具有代表性的研究对未来我国经济增速预测与本书的研究结果的比较

单位:%

研究者[11]	预测时间段	预测值	本书基准情景预测值	相差绝对值
世界银行（2012）	2011~2015年	8.6	9.26	0.66
	2016~2020年	7	6.01	0.99
Eichengreen, Park and Shin (2011)	2011~2020年	6.1~7	7.63	0.63~1.53
	2021~2030年	5~6.2	4.29	0.71~1.91
张延群、娄峰（2009）	2011~2015年	8.3	9.26	0.96
	2016~2020年	6.7	6.01	0.69
Kuijis (2009)	2010~2015年	8.4	9.26	0.86
	2016~2020年	7	6.01	0.99
Perkins and Rawsk (2008)	2006~2015年	6~8	10.24	2.24~4.24
	2016~2025年	5~7	5.15	0.15~1.85
Wilson and Stupnytska (2007)	2006~2015年	7.7	10.24	2.54
	2016~2020年	5.4	6.01	0.61

从本书的预测结果来看，如果目前的资源状况和技术水平没有大的飞跃和突破，在基准情景下，我国经济增长速度能够实现"十二五"规划中8%的既定目标，但从中长期来看，我国经济增速放缓将是趋势且具有长期性。目前，我国正处于从高速增长阶段过渡到中速增长阶段甚至是低速增长阶段的新时期。

EROI值的下降不仅意味着能源质量的下降以及能源生产成本的上升，更重要的是改变了传统上对能源供应前景的乐观认识。

综合国内外对化石能源的预测结果，未来化石能源总产量均呈上升趋势，但是随着 EROI 值的下降，真正供经济社会使用的化石能源生产净量的增速将比总量增速低，甚至出现平台期。1995~2025年，我国化石能源生产的消耗量占能源生产总量的比重非常小，为 4%~5%，但其对经济增速的影响却不可忽略。图 6-6 是我国化石能源生产净量和化石能源生产中的消耗量。

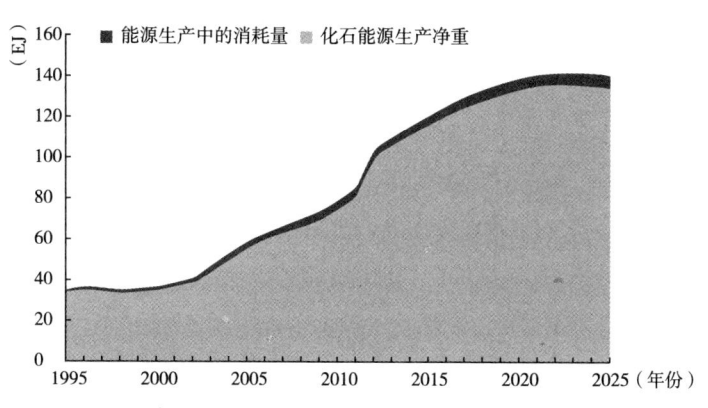

图 6-6 我国化石能源生产净量和化石能源生产中的消耗量

在净进口量相同的基础上，本书分别取得化石能源供应总量和净量，并将其代入对 GDP 增速预测的模型中，运算发现我国"十二五"规划期间化石能源供应总量与供应净量两种情况下产生的 GDP 增速差距大约为 1.3%~1.5%（见表 6-8）。

表 6-8 2011~2015 年我国 GDP 增速在供应总量和净量下的比较

单位：%

	采用供应总量	采用供应净量	差值
高 情 景	12.49	10.99	1.5
基准情景	10.66	9.26	1.4
低 情 景	8.86	7.56	1.3

从比较的结果可以看出，虽然能源生产过程中消耗的能源量占能源生产总量的比重非常小，但是对 GDP 增速预期的影响非常

大，因此应当严格控制能源生产部门的能源消费总量，并将净能源以及能源供应净量问题考虑到经济政策的分析与制定中来。

参考文献

［1］Coughlin, K., "A Mathematical Analysis of Full Fuel Cycle Energy Use," *Energy*, 2012, 37: 698 - 708.

［2］郭耀煌、贾建民、高隆昌：《生产函数的一种基本理论模型》，《管理工程学报》1995年第2期。

［3］杨依山、杜同爱：《经典生产函数与经济增长理论模型之间关系的初步探讨》，《山东财政学院学报》2011年第6期。

［4］Kummel, R., *Growth Dynamics of the Energy Dependent Economy*. Cambridge (MA): Oelgeschlarger, Gunn and Hain. 1980.

［5］Kummel, R., "The Impact of Energy on Industrial Growth," *The International Energy Journal*, 1982. 7: 189 - 203.

［6］Kummel, R., "Energy as a Factor of Production and Entropy as a Pollution Indicator in Macroeconomic Modeling," *Ecological Economics*, 1989. 1: 161 - 180.

［7］Kummel, R., Strassl W., "Changing Energy Prices, Information Technology, and Industrial Growth," *Energy and Time in the Economic and Physical Science*. Amsterdam: North - Holland, 1985.

［8］Kummel, R., Strassl, W. G., Eichhorn, W., "Technical Progress and Energy Dependent Production Functions," *National Journal of Economics*, 1985. 45: 285 - 311.

［9］Kummel, R., Lindenberger, D., Eichhorn, W., "The Productive Power of Energy and Economic Evolution," *Indian Journal of Applied Economics*, 2000, 8: 231 - 262.

［10］Nel, W. P., Cooper, C. J., "Implications of Fossil Fuel Constraints on Economic Growth and Global Warming," *Energy Policy*, 2009, 37: 166 - 180.

［11］陈彦斌、姚一旻：《中国经济增速放缓的原因、挑战与对策》，《中国人民大学学报》2012年第5期。

第七章 能源回报的未来研究方向

关于EROI的研究近些年在国外迅速发展起来，但在我国尚属新领域，作为国内研究的起步阶段，本书只是对其中的部分问题进行了探讨，其深度和广度还有待进一步拓展。通过上述分析，我们认为EROI方法未来还可以从以下几个方面着手进行研究。

一 能源回报方法自身的研究

EROI计算方法自身还存在较多问题，尤其是涉及的投入层级较多时，为了计算的数值更加准确，对所需要的系数等数据的要求越来越严格。从我国现状出发，还需要从五个方面对EROI方法进行研究：①测算我国非常规资源和可再生能源的EROI值，同时考虑核电、风电等一次能源对我国EROI值的影响；②模拟技术进步、节能效率等在EROI值测算中所起到的作用；③统计能源生产过程中环境破坏所产生的能源成本以及由进出口而造成的能源成本，将其加入EROI值的计算中来；④寻找更为准确的货币量背后的隐含能，如利用能源型投入产出表；⑤分析非常规油气资源的储量和产量的相关问题，以便得到更加全面的我国化石能源供应量的数据。

二 生产价值评价方法

对能源生产价值的评价往往采用传统的经济评价方法，以追求经济效益最大化为目标，主要考察现金流的流进流出情况，其中依赖一些市场机制的相关内容，而货币量、金融资本等都只是这些自然资源的代表符号。例如，该方法需要确定销售收入这一因素，销售收入又受价格影响。但是，当价格信号"失灵"后，这种方法将不准确。2008年发生的金融危机使原油价格受到巨大冲击，之前建立在对原油价格预测基础上的传统经济评价方法产生的结果必然失准。另外，传统的经济评价方法很少考虑生产过程中所产生的外部性，更没有很好地反映我国目前的节能减排政策。

EROI方法正好弥补了以上两点不足，价格只是作为投入与产出总量计算中的权重，不作为关键的影响因素，并将外部性成本考虑到计算中。此外，EROI方法将评价重心集中到能源资源的物理意义上，能够从实物流的角度分析能源的产出与投入，两者的差值是真正为社会所能利用的能源量。当然，能源生产评价问题不仅涉及其物理意义，也与当前的经济背景、投资政策、技术进步等要素紧密相连。因此，需要将EROI方法与当前的经济评价方法相结合，全面分析其开采生产的价值性，综合考虑开发项目评价准则（见表7-1）。

表7-1 能源生产价值评价准则表

EROI评价方法	传统经济评价方法	项目可行性
EROI值大于基准值	NPV>0，可行	可行
EROI值大于基准值	NPV<0，不可行	可行
EROI值小于基准值	NPV>0，可行	不可行
EROI值小于基准值	NPV<0，不可行	不可行

从表 7-1 中可以看出，EROI 评价方法中需要确定 EROI 基准值。由于能源开采生产以后还要经过加工、运输、终端使用等一系列过程，所以能源生产 EROI 基准值必须大于 1:1 才能有净能源供经济社会使用。据此，Hall[1] 以终端使用 EROI 值 1:1 为目标，计算了不同产出边界的 EROI 基准值，认为能源开采生产的 EROI 值必须至少达到 3:1，称为"最小 EROI 准则"。不同类型的能源、不同的生产技术、不同能源使用群体在能源开采生产阶段 EROI 基准值均不同，研究者应当根据具体的研究目标计算出特定的 EROI 基准值。

三 能源回报与全生命周期

LCA 方法是一种评价产品、工艺或活动从原材料采集、生产、运输、销售、使用、回收、维护到最终处置整个生命周期阶段有关的环境负荷的过程。它首先辨识和量化整个生命周期阶段中能量和物质的消耗以及环境释放，然后评价这些消耗和释放对环境的影响，最后辨识和评价减少这些影响的机会。目前，LCA 技术已经被广泛应用于环境影响评估方法，但 LCA 只是一个通用的术语，该分析的具体方法和范畴会在不同的研究中存在较大差异。

LCA 方法最早出现于 20 世纪 60 年代末和 70 年代初，当时称为资源与环境状况分析。在工业过程中，全生命周期方法主要分析化工产品和过程在整个生命周期尺度对环境造成的影响，为生产过程或废弃物处理和再利用过程筛选方案[2]。随着对全生命周期的深入研究，很多学者试图将其与其他理论和技术相结合，拓展其应用范围。经济方面，LCA 可以与经济效益分析方法结合，形成全生命周期成本核算[3]；环境方面，除了传统的指标体系外，

LCA 可以与㶲分析结合，分析产品全生命周期的㶲效率（ELCA），现在已广泛应用于化工[4]、建筑[5]、废弃物处理[6]等领域；资源分析方面，可以与土地和水资源分析技术结合，或与物质流和元素流分析相结合，分析产品中某种物质或元素的全生命周期利用效率[7]；社会方面，加入对产业和社会发展有影响的多个评价指标，如生命周期可持续性分析（Life Cycle Sustainability Analysis, LCSA），LCSA 由传统的以产品为对象扩展到以产品链或产业链为研究对象。因此，评价指标也从以往的环境性能扩展到包括经济和社会性能的综合评价指标体系。

目前，化石能源峰值、气候变化、碳排放都已成为后常规科学中需要重点研究的重大问题。在这种背景下，急需一种从多角度评价能源品质、安全、环境、排放的新方法和新视角，全生命周期的能源（资源）回报评价方法应运而生。全生命周期的能源（资源）回报评价方法是将全生命周期评价方法（LCA）和能源（资源）回报（EROI）评价方法结合起来，根据 EROI 方法的思想和指标，结合 LCA 方法的工具，评价碳减排措施下能源资源的生产价值、供应潜力等。该方法根据不同领域或范畴在研究中会存在较大差异。能源资源生产领域的未来发展趋势集中于：①能源消耗量的测定，涵盖原料制取、原料运输、燃料制取和燃料运输四个阶段；②能源生产过程中的温室气体排放量测定，用于评价能源生产所造成的环境污染等问题；③与土地和水资源分析技术结合，或与物质流和元素流分析相结合，分析产品中某种物质或元素的全生命周期利用效率；④将自下而上的 LCA 分析技术与 Monte Carlo 模拟技术相结合，构建基于不确定性分析的自下而上的 LCA 分析技术。

四 生物物理经济学

任何商品均具有价值，价值又通过货币表现出来，那么针对能源资源，货币能否衡量它们的价值呢？答案是否定的。这里存在多方面的原因。第一，货币有无价值这一问题仍没有答案。西方古典主义经济学、马克思主义经济学、边际效用经济学认为货币是商品，具有价值；而古希腊学者、中国学者、凯恩斯及当代教科书认为货币之所以成为交易的媒介是基于人们的观念、习俗和国家政治的力量，本身是无价值的[8]。第二，抛开货币是否有价值的问题，边际主义经济学解释了古典经济学在使用价值和交换价值方面的矛盾，取得了"边际革命"的成功，但这是完全从消费者市场的角度进行的诠释，生产者市场的生产要素（如能源资源）的价值仍然无法予以解释。正如"价值原理不在成本之中，而在成本之外，在产品的边际效用之内"[9]。第三，即使从边际主义经济学理论出发解释能源资源的价值，其结果也是矛盾的，并不能解释目前的能源资源现象。边际主义经济学认为效用是需要的满足程度，与交换价值呈反比关系。随着人类社会对能源资源的严重依赖，人们对能源资源需要的满足程度越来越大，根据边际主义经济学原理，其交换价值越来越低。同时，由边际主义经济学发展起来的稀少性①原理[10]认为，物质的稀少性与交换价值呈正比。所以，在同一经济学理论下对能源资源得出的解释却是相互矛盾的。第四，根据生态经济学的观点，自然资源的价值不可

---

① 稀少性是指在政治经济学中，一种物质不管它怎样丰富，只要它有用并在数量上有限，就是稀少的。

用货币衡量，因为人类社会经济的货币流通并不经过自然。货币只是一种衡量经济活动中人的作用和贡献的工具，并不衡量经济和自然的作用和贡献，尽管自然为人类做出了巨大贡献。综上所述，传统经济学理论缺乏对能源资源价值的有力分析，并且货币也无法衡量能源资源的价值，当然也就无法衡量能源资源的耗竭情况。那么人们为什么感觉传统的经济学理论无论在以往还是在现在都是适用的呢？原因就在于这些理论大部分都出现在大量的、增长的能源供应以及不断下降的能源开采成本时期，无论怎样的经济政策或者经济理论都是可行的，因为能源保障了经济活动的可行性。但是，随着后石油时代的来临，化石能源产量增长缓慢、石油价格不断攀升，经济理论不能再将资源视为免费的礼物。在这样的背景下，生物物理经济学（Biophysical Economics）应运而生。虽然生物物理经济学目前还没有形成统一的假设条件和经济原理，但其主要思想产生于后石油时代，并指导能源经济决策，其潜在的研究价值不能忽略。

"Biophysical"（生物物理）最早来源于生态学领域，因此大部分研究成果都应用于生态学领域，如新西兰的土地使用决策[11]。Lee等[12]采用生物物理方法分析了土地使用系统下的物质流和能源流，并用GIS模型计算了中国台湾某地区土地使用的变化情况。后来，生物物理延伸到能源经济领域，按照时间的先后顺序总结如下。1981年，Hall等人在 *Science*[13]上发表文章，描述了单位进尺的石油产量趋势，发现单位进尺和石油产量呈反比关系，并在此时使用了净能源的概念，有了EROI的雏形，这两个概念是Hall后期创立生物物理经济学的基础。1984年，Cleveland等人[14]率先在能源经济领域提出"Biophysical"这一名词，并采用美国的历史数据进行分析，说明任何事物在工业生产中都是重要因素，生产函数理论真正解释财富的是能源因素。该文章用能源及其 EROI 指标解释了经济学出现的通货膨胀、价格上涨等现象。1987 年，Cleveland[15]用生物物理经济学分析了历史和现有的经济学，并阐述生物物理经济学是由多个不同领域的研究者使用基本的生态和热力学原理来分析经济过程。1997 年，Cleveland 和 Ruth[16] 阐述了生物物理因素对经济过程的限制，并分析了尼古拉斯经济对生态经济学的贡献。2006 年，Hall 和 Klitgaard[17]认为生物物理经济学适用于后石油时代，并解释了生物物理经济学和生态经济学的区别与联系，详细介绍了什么是生物物理经济学以及使用生物物理经济学的步骤。2007 年，Tisdell[18]将生物物理经济学模型引入经济试验中，利用价格因素研究了澳大利亚的沉淀物交易。2008 年，Martinez 和 Schandl[19]从生物物理经济学的角度分析了墨西哥的物质流在经济领域的流动情况，并分析了过去三十年里自然资源使用的情况，以及由此造成的墨西哥的经济情况。2009 年，Nel 等[20]同样利用生物物理经济学的思想，首先预测了全球能源未来的供应量，进而将能源因素加入到生产函数中，并预测了全球的经济增长情况。2010 年，Vallejo[21]用历史数据分析了厄瓜多尔的经济，采用生物物理结构分析了该国的国际贸易和政策影响问题。2011 年，Brown[22]认为现有的全球机构及问题再次证明了经济增长、货币政策和能源之间的不相关性，用简单的金钱循环模式的经济系统来进行决策已经不再可行。该篇文章认为应当将经济系统放入地质圈内考虑，在这样的背景下新古典主义经济可能不能充分解释目前的经济衰退现象。同年，Turner 等[23]将生物物理评价方法应用于澳大利亚的国内经济中，刻画了该国的存量和流量框架，并比较了生物物理方法和全生命周期评价方法、CGE 方法的区别与联系。2012 年，Hall 出版了 *Energy and the Wealth of Nations*, *Understanding the Biophysical Economy*[24]，在该书中详细描述了生物物理学及其相关内容，并再次明确了生物物理学定义，即生物物理经济学旨在阐明经济生产在一定的时间和空间内与自然资源的存量、流量之间的关系，强调自然资源（尤其是能源）对经济的支撑与限制作用。其中，名词"Biophysical"（生物物理）指时常伴随物理、化学、生物、水文、气象等一系列过程的物质世界。从生物物理经济学角度理解经济生产，即将杂乱无规则的高熵物质转变成具有高度规则结构的低熵物质（如商品和信息）的过程。

参考文献

[1] Hall, C. A. S., Balogh, S., Murphy, D. J. R., "What is the Minimum EROI that a Sustainable Society Must Have?" *Energies*, 2009, 2: 25 – 34.

[2] Udo de Haes, H. A., Jolliet, O., Norris, G., Saur, K., "UNEP/SETAC Life Cycle Initiative: Background, Aims and Scope," *The Inter Life Cycle Assessment*. 2002, 7: 192 – 195.

[3] Rebitzer, G., Seuring, S., "Methodology and Application of Life Cycle Costing," *International LCA*, 2003, 8 (2): 110 – 111.

[4] Lombardi, L., "LCA Comparison of Technical Solutions for CO_2 Emissions Reduction in Power Generation," *Energy Conversation Management*, 2003, 44 (1): 93 – 108.

[5] De Meester, B., Dewulf, J., Verbeke, S., Janssens, A., Van Langenhove, H., "Exergetic life – cycle Assessment (ELCA) for Resource Consumption Evaluation in the Built Environment," *Building Environment*, 2009, 44: 11 – 17.

[6] Hiraki, T., Akiyama, T., "Exergetic Life Cycle Assessment of New Waste Aluminium Treatment System With Co-production of Pressurized Hydrogen and Aluminium Hydroxide," *International Hydrogen Energy*, 2009, 34: 153-161.

[7] Venkatesh, G., Johanne Hammervold, Helge Brattebø, "Combined MFA-LCA for Analysis of Wastewater Pipeline Networks," *Journal of Industrial Ecology*, 2009, 13: 532-550.

[8] 李琨:《价值与货币:经济学的发现与遗憾(中)》,《中国物价》2006年第6期。

[9] 〔奥地利〕庞巴维克:《资本实证论》,商务印书馆,1997。

[10] 〔奥地利〕弗·冯·维塞尔:《自然价值》,商务印书馆,1997。

[11] P. G. Luckman, N. A. Trustrum, L. J. Brown, J. R. Dymond, "Integrated Economic-biophysical Modeling to Support Land Use Decision-making in Eroding New Zealand Hill Lands," *Mathematics and Computers in Simulation*, 1995, 39: 233-238.

[12] Chun Lin Lee, Shu-Li Huang, Shih-Liang Chan, "Biophysical and System Approaches for Simulating Land-Use Change", *Landscape and Urban Planning*, 2008, 86: 187-203.

[13] Hall, C. A. S., C. J. Cleveland, "Petroleum Drilling and Production in the United States: Yield Per Effort and Net Energy Analysis." *Science*, 1981, 211, 576-579.

[14] Cleveland, C. J., Costanza, R., Hall, C. A. S., Kaufmann, R., "Energy and the United States Economy-a Biophysical Perspective," *Science*, 1984, 225: 890-897.

[15] Cutler, J. Cleveland, "Biophysical Economics: Historical Perspective and Current Research Trends," *Ecological Modelling*, 1987, 38: 47-73.

[16] Cutler, J. Cleveland, Matthias Ruth, "When, Where, and by How Much do Biophysical Limits Constrain the Economic Process? A Survey of Nicholas Geor-

gescu – Roegen's Contribution to Ecological Economics," *Ecological Economics*, 1997, 22: 203 – 223.

[17] Charles, A. S., Hall, Kent, A. Klitgaard, "The Need for a New, Biophysical – based Paradigm in Economics for the Second Half of the Age of Oil," *International Journal of Transdisciplinary Research*, 2006, 1 (1): 4 – 22.

[18] John Tisdell, "Bringing Biophysical Models into the Economic Laboratory: An Experimental Analysis of Sediment Trading in Australia," *Ecological Economics*, 2007, 60: 584 – 595.

[19] Ana Citlalic Gonzalez – Martineza, Heinz Schandlb, "The Biophysical Perspective of a Middle Income Economy: Material Flows in Mexico." *Ecological Economic*, 2008, 68: 317 – 327.

[20] Willem, P. Nel, Christopher, J. Cooper, "Implications of Fossil Fuel Constraints on Economic Growth and Global Warming," *Energy Policy*, 2009, 37: 166 – 180.

[21] Maria Cristina Vallejo, "Biophysical Structure of the Ecuadorian Economy, Foreign Trade, and Policy Implications," *Ecological Economics*, 2010, 70: 159 – 169.

[22] Mark, T. Brown, Sergio Ulgiati, "Understanding the global economic crisis: A biophysical perspective," *Ecological Modelling*, 2011, 223: 4 – 13.

[23] Graham, M. Turner, Robert Hoffman, Bertram C. McInnis, Franzi Poldy, Barney Foran, "A Tool for Strategic Biophysical Assessment of a National Economy – The Australian Stocks and Flows Framework," *Environmental Modelling & Software*, 2011, 26: 1134 – 1149.

[24] Charles, A. S., Hall, Kent, A. Klitgaard, *Energy and the Wealth of Nations, Understanding the Biophysical Economy*, Spinger, New York, 2012.

第八章 生物物理经济学初探

笔者有幸跟随 Charles Hall 学习 EROI 和生物物理经济学的相关课程，并共同研究取得一些分析结果。下面将 Hall 的书稿和课程的部分内容翻译整理如下，仅供读者学习阅读。

第一节 经济学流派与能源作用

一 历史上各经济学流派

在经济学的发展史上，按照时间的先后顺序依次存在四种理论，即重商主义、重农主义、古典主义和新古典主义。每一种经济学理论都是在特定的社会发展过程中的产物，并适用于当时的整体背景，在各自的限度内，这些理论都是科学的。

（一）重商主义经济（15~18世纪）

重商主义产生于西欧封建制度解体、资本主义生产关系产生时期。该理论强调：①货币是财富的唯一形态，货币多少是国家是否富裕的标准；②财富来源于流通领域（贸易与掠夺）；③加强国家控制市场、干预贸易的能力。其中,特别强调国家的作用。该理论认为国家对经济的干预是国家财富来源的重要保证,国家应当垄断对外贸易,实行限制或禁止货币输出和商品进口的政策及保护性关税,并与国家政治相结合来进行殖民扩张等[1]。重商主义适用于市场化程度不高、制造业不发达、社会正处于自然经济向市场经济过渡、农业经济向制造业经济过渡的时期。主要的经济活动表现为:获得货币及累加;从货币的运作中获得利润;开始重视制造业的发展。

(二) 重农主义经济 (18世纪中叶)

重农主义兴起于法国,直接继承了法国启蒙运动"自然秩序"的哲学观念,并在这种观念下提出了大力发展农业的自由主义经济政策。该理论强调:①国家财富的评判标准是创造出多少农产品[2],农产品是真实的财富;②土地是财富的唯一源泉,只有农业能够增加财富;③将社会分为生产部门和非生产部门,认为只有农业才是生产部门。这一学派对财富来源的认识,从货币的流通领域转移到农业的生产领域,高度重视农业的生产价值。但是,重农主义的缺点是对重商主义的过度摒弃,强调只有农业才是生产领域,不把手工业、商业列入生产领域。

(三) 古典主义经济学 (18~19世纪)

古典主义经济学又称为古典政治经济学或政治经济学,由亚当·斯密在1776年开创,主要追随者包括大卫·李嘉图、托马斯·马尔萨斯和约翰·穆勒。古典主义经济学理论强调[3]:①市场自我调节(Market Self-regulation),"看不见的手"是最有效的调节工具，市场会分配稀缺资源，最佳地满足社会对资源的无限需求；②经济过程是周而复始的运动，每一个参与者既是买方又是卖方，使商品（货物及服务）发生交换关系，形成一个环状轨迹；③商品价格可以自由地上升与下降，总是能够发挥调节作用，市场失灵（Market Failure）不太可能发生。古典主义的"政治经济学"不能等同于国家干预经济学，否则将使得政治经济学的内涵窄化。后来的马克思主义政治经济学产生于对古典经济学一些理论的批判，支持国家干预经济。政治经济学的分析主要为发展中国家所继承，主要继承了马克思的批判性分析框架，而且马克思的关注汇总点在于揭示阶级利益的冲突，因此中国大多数所涉及的政治经济学逐渐变成了专指的马克思主义政治经济学。

（四）新古典主义经济学（1880年至今）

在坚持古典经济理论中强调的价格灵活易变的前提下，新古典经济学是19世纪70年代由"边际革命"开始而形成的一种经济学流派，代表人物有萨伊、马尔萨斯、约翰·穆勒、庞巴维克。它在继承古典经济学经济自由主义的同时，以边际效用价值论代替了古典经济学的劳动价值论，以需求为核心的分析代替了古典经济学以供给为核心的分析[4]。该理论强调：①经济当事人行为最优化，即人是理性的，理性的人必然考虑到有关可能获得的信息，包括政府政策，以便做出合理的反应调整，进行符合自身最大利益或效用的活动；②市场对经济的作用，经济完全可以通过市场这只"无形之手"，实现均衡发展；③经济的发展是以边际调节来实现的，均衡状态是稳定的。该理论还指出，价格是经济发展的核心问题，但发展中国家的价格扭曲现象，成为其经济发展的最大制约。价格扭曲的关键，是政府政策的误导和政策体系的冲突，因而又提出与其矫正价格不如矫正政策的主张。

二 能源在各经济学流派中的作用

上述各经济学流派往往关注的是特定的生产要素对经济增长的作用，但是这些生产要素来源于能源，能源以不同的形式存在其中，如下所述：

①15~18世纪的重商主义实质上是风力、土地和动物对太阳能的利用；

②18世纪中叶的重农主义是土地对于太阳能的获取；

③18~19世纪的古典主义经济学是劳动力，因为劳动力是能源的来源之一；

④1880年至今的新古典主义经济学是资本，因为资本实质上是化石能源的升级。

大部分生产函数模型没有考虑生物物理定律和原理，并且现有的生产函数基本忽略了能源来源[5,6,7,8]。过去的几个世纪中，当经济无法发展时，新的经济学理论就会出现，而且一般新的理论可以解释暂时的经济问题，所以普遍认为任何经济学流派的理论都是正确的。但是，无论是哪种经济学理论都极大地忽略了能源的基础性作用，在它们的生产函数中只关注劳动力和资本，偶尔涉及土地。经济学认为能源和原料一样，是一种有用的商品，并可以被其他商品所替代。在经济学发展的初期，经济学家忽略能源的原因主要是对能源的理解不足、认识不清。例如，亚当·斯密就没有意识到市场受到太阳能和动物能量的作用，这些能量是运输劳动力生产的产品的重要来源；新古典主义并没有将能源的作用"外在化",在典型的生产函数中,只有资本和劳动力两个生产要素。尽管经济学初期与物质世界联系最为广泛,但在上述背景下经济学还是成为"社会科学"的一种。

历史上,对生物物理因素的忽略并不是从一开始就存在的。例如,18 世纪法国重农主义经济学派的魁奈和其他成员就关注有机物对太阳辐射能的利用,并注意到能够吸收能源的土地通过农业生产在财富形成中发挥的作用。古典主义经济学家亚当·斯密、大卫·李嘉图和马克思的思想包含了财富的物理起源(Physical Origin)和分配[9]。新古典主义经济学替代古典主义经济学最主要的原因是新古典主义经济学非常严谨的数学推导和边际理论的发展,解决了古典主义经济学不能解决的"水与钻石"的矛盾。但是,亚当·斯密和大卫·李嘉图最基本的生物物理观点并没有包含在这个新的具有完美数学形式的边际理论之中。

第二节　新古典主义经济学的主要问题

经济理论的产生和更迭均源于其适用性和阶段性,如果忽视一种经济理论的大背景,那么曾经带来经济增长的理论就可能成为后续发展的真正障碍。虽然大部分新古典主义的经济理论具有严格的数学逻辑性和一些成功的实践案例,但是历史上也存在许多对该理论的批判,这些批判大多针对某一具体的细节或理论。在现阶段能源限制性作用凸显的大环境下,新古典主义经济学就暴露出它固有的本质缺陷。一直以来,就有研究者[10-12]指出新古典主义经济学存在的缺陷,但是被大部分的经济学家所忽略。

这些本质缺陷直接影响到该经济理论下的各种假设条件和经济原理。最基本的新古典主义经济学模型以公司和家庭为主体说明两者之间的无限循环，并假设人是理性人，具有物质主义、自我主义和预测能力。但是，新古典主义经济学违反了物理定律，且理性人的假设与实际的人类行为并不一致。此外，新古典主义经济学关注的问题主要集中于价值决策（Value Decision）、经济参与者的行为和市场的作用，这些问题属于社会科学的范畴。但是，由市场分配的这些财富是由物质世界生产的，这一物质世界遵循物理、化学和生物学的原理和原则。由此，本书将这一问题分为边界问题、假设问题、检验问题等方面进行详述。

一 原理问题

20世纪，新古典主义经济一直作为主流经济学"操纵"着社会。新古典主义最基本的经济学模型假设基于心理学认为的人类行为，表现为物质主义、自我主义，且能被预测，该经济模型体现的是"公司"和"家庭"两个主体间的物质流动。但是，新古典主义违背了一系列的物理原则并与实际的人类行为不相符。尽管对这些缺点进行大量的实验和实证分析，但是很少有经济学家严重质疑新古典主义，恰恰相反，而是仍然将其应用于社会经济中。这已成为一个大问题，因为政策制定者、科学家等都是转向经济学家来寻求解决问题的答案。现在的新古典主义经济学理论仍然是建立在以往数据的基础上，因此大部分的经济学家所崇拜的经济学不过是教条主义，而这些教条与经济事实并不相符。其中，最基本的缺陷是生产理论忽略了物理和环境事实。

真实的经济学应当受到外界力量和自然规律的约束，如热力学定律、物质守恒定律以及一些环境因素。总体来看，新古典主义经济学并没有反映经济活动对有限生物物理世界的投入需求，也没有意识到生物物理物质质量的投入会随着每一次的经济活动降低。具体体现在以下两个方面。

第一，经济学的描述独立于生物物理模型。新古典主义经济学将商品服务和金钱抽象成局限于市场、公司和家庭间的交换关系。但真实的经济运行还需要自然界的物质和能源来保障这种交换，而且受限于物质和能量为经济活动所进行的形式的转化。新古典主义的经济模型展现的是自我维持并自我调整的系统，独立于生物物理系统及其规律，而且这一模型是作为一个社会模型来运行的，也就是说，人类的需求、需要和反应都是在市场的运作下进行的。换言之，用于生产商品和服务的材料以及能源都被放置到模型以外了。在这一模型运作过程中，为家庭提供消费的场所为生产提供了要素，公司进行生产并对商品保有最终的销售权。无论是货币价值还是物理价值的原材料都没有在商品和服务的转化过程中有损失。因此，可以说，新古典主义的生产理论根本不是"生产"模型，而是一种将生产性投入、半成品或者产成品进行"分配"的过程。这一模型并没有描述初级原材料（如能源和物质）的投入。

由此看来，新古典主义经济学所谓的"稀缺性"并不是指自然界资源的稀缺性，而是指相对于无限的需求而产生的相对稀缺。按照这一模型，如果我们面临一种资源的有限性，那么人们那种受货币刺激并保护财产权利的思想就会认为将有替代品出现，因此资源的长期绝对稀缺性以及需求都不成问题。新古典主义经济模型能够自发地解决这种相对稀缺性，实现无限增长，并且竞争性价格、市场能够保证资源得以充分利用。Nicholas Georgecsu Roegen 和他的学生 Herman Daly 就曾经指出新古典主义经济学生产描述的荒谬性。真正的经济学不可能独立于全球生物物理系统，该系统提供能源、原材料和能够消化吸收废物的环境[13,14]。为了使经济学模型与真实情况更加接近，他们首先将经济放入全球生物物理系统之中。一些自然科学家为此做出了很多努力，其中，一部分专家[15-18]就清楚地说明不能接受新古典主义经济学的两大理由：一是它的边界是错误的；二是模型类似于永动机，因为模型中从来没有能源投入或者熵的损失。尽管货币在商品和服务中的流通看似是永无停歇的，但是真实的经济是不可能独立于能源投入而存在的。

第二，经济产出的描述并没有参照物理运作过程。新古典主义经济学的生产模型虽然不需要物理性投入，但是需要已存在的投入间的交换。驱动经济过程的因素不只包括物理资源，还包括人类智慧。例如，柯布-道格拉斯所描述的生产函数，产出量作为因变量，自变量只有资本和劳动力，表示如下：$Q = A(K^{\alpha} L^{1-\alpha})$，其中 α 为资本在产出中的比重；$1-\alpha$ 为劳动力在产出中的比重，$1 > \alpha > 0$；A 是综合系数，表示纯技术的变化。其中，技术是独立于土地和资本投入的[19]。大部分的新古典主义经济学认为技术是一种杂乱无章的驱动力，并认为技术是不可衡量的，是可以无限驱动经济产出的力量。新古典主义经济学假设技术的产出不存在递减效应，因此没有必要担心物理条件的限制或者某种生产要素投入的限制。对于技术足够驱动经济产出的充分肯定导致新古典主义经济学忽略了能源的重要性。相反地，许多自然科学家和某些经济学家已经总结出20世纪经济活动的膨胀是由于化石能源的大量使用。事实上，能源是作为一种投入驱动技术进步的，能源应当作为生产函数中的投入要素，并且比劳动力和资本更为重要[20]。Ayres和Warr[21]进一步发现，大部分的技术进步都伴随着能源使用量的增长或者能源使用效率的提高。新古典主义经济学模型显示，技术进步促成了工业经济的发展，技术进步让整个社会发现了更多的可用资源。

二 边界问题

由于对经济运行环境-真实物理世界这一问题的忽略，传统的经济学模型是封闭系统（见图8-1），经济产出所依赖的燃料、资本、劳动力和自然资源，及其最终的产品和服务之间是无限循环的。但是，人类的经济活动实际上处于一个开放系统中，并依赖经济系统外的净能源量、自然资源和其他的环境资源。现金流可以在封闭系统中流动，但是给予现金以价值的物质和能源流却无法在封闭系统中流动，而且无法自我补充。所以，传统经济学模型并没有将能源作为特殊考虑的因素进行分析，而是将其视为一种类似于资本或者劳动力的投入。在经济运行中，能源实际上作为经济产品的初始投入，因为能源既不能被生产又不能与其他物质互相转化，它必须从经济系统外获取。总之，这个基本的新古典主义经济模型所包含的边界并没有说明经济活动"所需要的投入"以及"所产生的结果"，也就是说，新古典主义将"自然的馈赠"与人类活动分离开来。

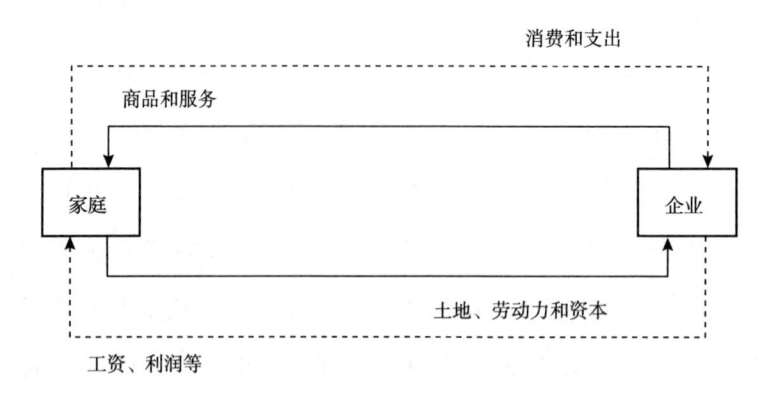

```
              消费和支出
        ┌─────────────────┐
        │   商品和服务    │
        │  ┌──────────┐  │
    ┌───┴──┐          ┌──┴───┐
    │ 家庭 │          │ 企业 │
    └───┬──┘          └──┬───┘
        │  土地、劳动力和资本 │
        └─────────────────┘
          工资、利润等
```

图 8-1　传统经济学运行模型

三　假设问题

新古典主义经济学对消费理论的假设忽略了人们实际的行为。与新古典生产假设一样，其关于人类行为的消费假设与大量对人类的心理研究和神经性研究并不相符，尤其是与人们每天的行为经验不符。新古典主义经济学认为每一个从事经济活动的人都是利己的。也可以说，每一个从事经济活动的人所采取的经济行为都是力图以自己的最小经济代价去获得自己的最大经济利益。实际上，真实人类的行为大部分是利他主义，也就是说，一个人怎样衡量某种特定的经济产出，依赖别人对这一经济产出的评价。此外，新古典主义经济学的基本行为假设认为，利己主义消费者的快乐程度依赖他们对市场商品的消费。但是，生物物理经济学研究发现，市场商品的假设并不能与个人的快乐程度画等号，而且行为的文化背景与新古典主义推崇的相互独立的个体是不一致的。这一假设中存在的问题包含两个方面。

第一，新古典主义认为经济人假设是科学的，成功预测了人类的行为。"理性人"假设指作为经济决策的主体都是充满理智的，既不会感情用事，也不会盲从，而是精于判断和计算，其行为是理性的。在经济活动中，主体所追求的唯一目标是自身经济利益的最优化。如消费者追求的是满足程度的最大化，生产者追求的是利润最大化。"理性人"假设是对亚当·斯密"经济人"假设的延续。这一假设遭到了行为经济学、神经经济学（Neuroeconomics）、博弈论的强烈反驳[22-24]。例如，Henrich 等人检验了 15 个地区不同阶层的消费者行为后发现，新古典主义经济学模型并不能在任何一个地区得到证实。在试验设定和真实世界条件下，人们做出的决定偏向于遵守社会规范而不是强调获取他们自己的利益[25]。Ginits 进行了几次试验后发现，人类比新古典主义经济学描述的行为模型更具有利他主义色彩和报复性行为。例如，在这个试验的过程中，研究者严重惩罚那些在试验中存在"不真实、欺骗"的人，尽管这样会损失大量的财力，这种行为也不符合新古典主义经济学的假设。

除了生物物理经济学研究者的试验对假设问题的反驳，还有一些理论同样发现了"理性人"假设的问题所在。①马斯洛需要层次理论。20 世纪 20 年代以来，行为科学家们分别提出了实利人、社会人、成就人、复杂人等人性假设，认为人性是复杂多变的。与之相对应，1943 年美国心理学家马斯洛提出了著名的需要层次理论。该理论认为人是有需要的动物，需要有轻重层次，只有较低层次的需要得到满足后，较高层次的需要才会出现。这些理论否定了传统的"理性人"假设中把经济利益作为人的唯一需要的观点，使"经济人"假设向现实迈进了一大步，提高了对现实的阐释能力。因此，人类追求的利益目标应当是一个多元的效用函数。②西蒙有限理性的批判。经济人最大化行为假设是以"完全理性"为条件的，由于具有完全理性，经济人才能够找到实现目标的所有备选方案，预见这些方案的实施后果，并依据某种价值标准在这些方案中做出最优抉择。但在赫伯特·西蒙看来，这种理性的定义是有缺陷的。他指出，人不可能知道全部的备选方案，外部环境是不确定的、复杂的，信息是不完全的，人的熟悉能力和计算能力是有限的，经济行为者不可能把所有的价值统一到单一的综合性效用函数中，因而，人是有限理性的。因此，决策过程中人们遵循的并不是最优原则，而是满足原则。也就是说，现实中消费者追求的不是效用最大化而是适度效用；厂商追求的不是利润最大化而是适度利润。③行为科学心理实验的批判。古典主义经济学和新古典主义经济学认为理性人是"完全理性"的，他不仅知道自己追求的目标是最大化，而且知道怎样实现最大化这一目标。理性人的这种理性行为是以一系列的假设为前提的，如是以可比性假设、连续性假设、传递性假设、省略性假设、主导性假设和不变性假设为保证的。然而，许多行为科学的心理实验结果却表明，现实中人的选择行为经常背离理性人理性行为的一系列假设前提。这几个假设对理性选择是不可或缺的，但它们在心理实验中或在现实中又的确有反例[26]。从心理学家实验所用的数据中，可以看到有相当一部分人的行为违反了上述假设。行为科学心理实验对理性人假设批评的贡献是在假定了单个人了解全部方案及可能结果之后，揭示出人类选择的非理性（非最大化）和做到理性选择的困难一面。

第二，新古典主义经济学认为对市场商品的消费等同于福利

（Well-being），且金钱是对任何事物普遍的替代物。大部分经济学教材简单地将效用等同于快乐（Happiness），并且假设效用能间接地由收入来衡量[27]。个人的收入越高，效用或快乐就越大。但是，有研究表明，这一理论在现实社会中不是总存在的。更通俗一点讲，根据新古典主义经济学的这一假设，政府在制定政策的时候只关注个人收入的增长，而实际上社会福利的效用并不高。

心理学家长期以来一直在争辩，福利来源于广泛而大量的个体、社会和基因因素，包括基因倾向、健康、亲戚关系、婚姻、教育和收入[28]。众所周知，生活在更加富裕的国家的人们比那些生活在相对贫穷的国家的人更加快乐，但是这种关系的联系性并不是很强，而且快乐数据（Happiness Data）显示这种关系是不规则的[29]。例如，一些调查显示，生活在尼日利亚的人们比生活在澳大利亚、法国和日本的人要快乐[30-32]。国家在发展过程中存在某一个时间点，越来越多的收入并不能引起更大的快乐。例如，美国实际人均收入在近几十年内大幅上升，但是报告显示，美国人的快乐程度却在下降[33]。

四 检验问题

自然科学家期望理论模型在应用或者进一步发展之前需要做出检验。不幸的是，建立在"优美"且广泛被接受的经济模型上的经济理论并没有得到检验。一些经济学家试图建立并证明模型假设，但是他们很少检验这些大量的新古典主义假设。当然，检验是困难的，因为古典主义经济学和新古典主义经济学理论起源并发展于农耕社会，在现代工业社会并没有改变这一经济学理论或假设[34]。这些理论或多或少地没有改变就直接应用到现代工业社会中，也没有任何的限定条件就加入到基本理论中去。诺贝尔经济学奖获得者 Wassily Leontief[35] 指出，许多经济学模型没办法以可理解的方式解释真实经济系统的结构并提供可操作性。相反，这些模型是建立在似乎有道理但是比较武断的一些假设上，从而得出了一些并不具有相关性的结论。

大部分的非经济学家并不理解当代经济理论，因为这些理论的运行充满了武断的假设。表面上看，目标管理，如成本管理、成本－利润决策、成本评估、效益评估或者项目总成本预算等都使用了外在性的具有目标的（Objective）经济标准。事实上，类似的"目标"分析产生了逻辑性强并容易处理的数学模型，但是这些模型并不是必然正确的。一些权威的经济学家经常讲他们基于物理基础的模型（始于新古典主义经济学模型）在某种程度上说是稀有的（Curious）。在新古典主义生产函数理论中，价格量在生产因素空间的产出梯度，就像是物理驱动来源于真实空间的势能一样[36]。因此，相当不完美的经济分析不能与物理世界中的热力学定律混淆。

第三节　生物物理经济学理论初探

一　背景

生物物理经济学源于 20 世纪 70 年代能源（石油峰值）和环境问题引起的一些经济问题。例如，1978 年以来美国对进口石油依赖程度的提高，使 1973 年、1974 年和 1980 年、1981 年能源价格受到了冲击。这些问题无法用经济学的标准理论来充分解释，所以传统经济学由于缺乏解决资源和生态问题的方法而受到批判。1982 年，诺贝尔经济学奖获得者 Wassily Leontief 在 Science 上发表文章认为，现有经济学模型"用任何方式都不可能在经济系统运作与经济发展方面取得突破"[37]。他将经济学与生态学、物理学等结合起来，以使经济学不再是独立而无实际意义的学科形态，许多学者用行动响应了 Leontief 的号召，开始着手研究这样一种新的综合经济学。法国数学家波努瓦·芒德勃罗（Benoit Mandelbrot）在《市场的（错误）行为》一书中指出，"当一种经济模型失效的时候，经济学家总会犯一个错误，就是不肯放弃错误的模型，而试图去修正它，把它复杂化"[38]。

  Charles 研究小组从生态的角度致力于寻求一种全新的、系统的经济学模型，明确以自然科学和社会科学的方法作为评价社会经济发展的基础，而生物物理经济学恰恰提供了合理的具有科学性的方法来填补这个空白。传统经济学提出的所有经济学理论均是基于大量的、增长的能源供应以及不断下降的能源开采成本（见图 8-2），在这样的前提下无论怎样的经济政策或者经济理论都是可行的，因为能源保障了经济活动的可行性。但是，随着后石油时代的来临，化石能源产量增长缓慢、石油价格不断攀升，经济理论不能再将资源视为"免费的礼物"，而应当是"自然的馈赠"，必须充分重视自然资源的限制性作用，以此来解决可能存在的增长极限问题。

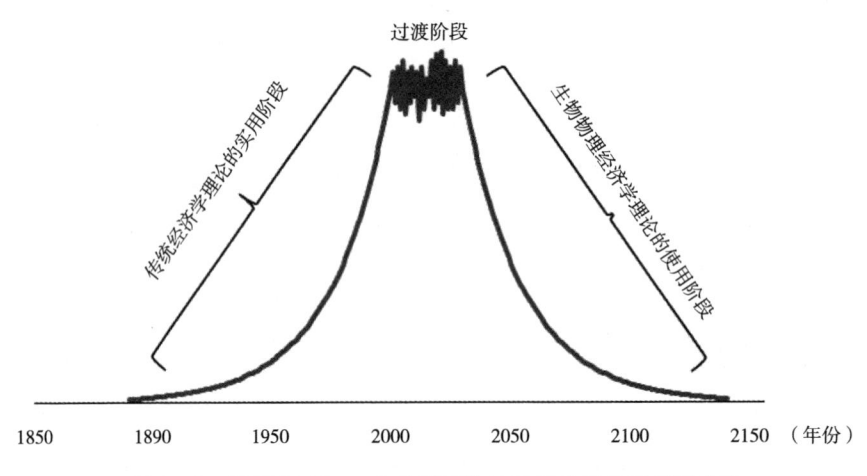

图 8-2 借用 Hubbert 曲线说明传统经济学理论的适用阶段

二 理论基础

(一) 系统论 (System)

系统是由若干相互联系和相互作用的部分（要素、过程）所构成的具有特定功能的一个整体。任何一个系统都具有一定的结构和功能，并且是在不断演化和发展的。系统一般包括两个以上相互作用和相互影响的部分，这些部分之间有着自己特有的结合方式或构成形式，这种系统内各个要素之间的组织形式称为系统的结构。在系统内部各部分之间存在错综复杂的相互影响力，存在信息流、能量流和物质流的交换，这种关系不仅是多元的，而且是多层次的交叉和反馈。根据该理论，地球上各种自然资源都不是孤立存在的，而是相互联系、相互制约的，共同构成了一个有机整体。这种一定空间范围内各种自然资源相互联系所构成的统一整体称为自然资源系统。其状态及其变化可以用自然资源系统熵来表示，也就是指某一自然资源系统内部各种自然资源不能被利用程度的综合指标，其熵值低表明该资源系统开发利用比较合理，无用消耗较少。经济过程是人类利用自然生产出产品供人类消费的过程，该过程包括很多人类活动的环节，而且彼此发生联系，共同构成一个有机整体，即经济系统。经济系统是一个十分复杂的系统，包括生产、流通和消费三个子系统。其中，生产子系统将原料加工生产成可供人类使用的产品，输入系统的物料资源属于高熵物质，在生产过程中产生废物是正熵，将增加系统的熵值；产品的流通和消费过程也是熵增加的过程。总之，解决系统的每一个环节都伴随着熵的增加，而且每一个环节都要求把多余的熵排放到环境中去，否则经济系统的平衡就会被打破甚至会崩溃。人类社会面临的关键问题是自然资源开发利用和经济发展规模太大，地球的熵减过程已不足以抵消地球生产的熵，这样就会使地球的总熵增加，其表现就是各种环境污染、生态破坏、资源短缺和能源危机。

（二）能值理论（Energy Theory）

美国著名系统生态学家 H. T. Odum 20 世纪 90 年代创立了"能值"（Energy）概念和理论及一系列相关概念。能值被定义为一种流动或储存的能量所包含的另一种类别能量的数量。或者说，产品或劳务形成过程直接或间接投入应用的一种有效能（Available Energy）总量，就是其所具有的能值，简单称为包被能。自然生态系统和人类社会经济系统各组成部分及其作用，均涉及能量的流动、转化与储存，能量可用于表达经济和自然资源之间的相互关系。能值分析可将系统内流动和储存的各种不同类别的能量和物质转换为同一标准的能值并进行定量分析研究，而且还可以客观地评价推动整个经济生产运行的不可再生能源资源输入、可再生资源输入、环境输入等各种不同的能量形式对人类经济系统的实际贡献。分析过程中，能值将系统内所有的投入转化为统一基准能值进行处理。该理论和方法对生态经济系统结构功能的定量分析研究、自然资源的评估利用、国家经济方针政策的制定、国际经济关系的协调、人与自然的和谐共存以及具体生产活动过程等，都具有重要的科学价值和指导意义。

（三）热力学两大定律（Laws of Thermodynamics）

热力学是关于能量的科学。当物质的结构、物理或化学性质或位置发生变化时产生功。一个"开放"的系统是与其环境有能量和物质交换的系统，而"封闭"的系统与其环境存在能量交换但是没有物质交换。一个"孤立"的系统与环境既没有物质交换也没有能量交换。热力学的第一定律认为能量既不会凭空产生也不会凭空消失，只能从一种形式转化为另一种形式。热力学第二定律（熵定律）认为，热自然地从热的物体向冷的物体流动，但它不能100%转化为功，从一种能量形式转化成另一种能量形式时，所有的转化率都低于100%。也就是说，并非所有的储存能量如化石燃料等均可实现转化，其中一部分将以热的形式散发出去。熵是对不能实现转化的能量的度量，熵越高说明转化的效率越低。因此，在能量转化中孤立系统的熵将会逐渐增加，同时能量转化是不可逆的，例如，化石燃料燃烧就是不可逆的，所以系统中的熵值会不断地增加。

经济学分析了人类社会与商品和服务之间的关系，同时新古典主义经济学根据这些商品和服务的效用衡量其对人类的价值。其中，金钱作为经济学家使用的传统方法来追溯产品和服务在经济中的流动情况。但是，金钱的价值只在于它是交换的手段而已。实际上，商品和服务最终来源于能源资源，能源才是人类社会财富的根本来源，而不是金钱。不幸的是，经济学家通过现金流来做出分析与评价，这是错误的，因为现金流和能源流遵循的定律不同。经济过程处于物理世界中，应当遵循物理定律并受限于此。热力学第一定律和第二定律形成了经济产出的能源角度的基础。一方面，第一定律说明物质和能源既不能被消灭也不能被创造，来源于物质和能源的商品和服务同样不能被消灭或者创造，只是形式上的改变。从理论上看，地球上的能源和物质的数量及最终可用性是既定的。另一方面，热力学第二定律与人类的技术水平相关，它说明了物质和能源对人类使用的产品和服务的限制性作用，因为自然界的无序运动总是自发地升高，人类社会需要投入更多的能源来扭转这种趋势。经济学中，产品和服务的产生就是使自然资源有序运动增加，为了使这个过程得以实现就需要额外能源的投入。因此，经济活动的过程就是能源的消耗过程，产品和服务就是物质与能源的体现（见图8-3）。

（四）先用最好原理（Best First Principle）

由于资源质量是人类使用自然资源的一种形式，所以资源质量非常重要。先用最好原理说明人类首先使用自然资源中质量最好的能源。人们会选择含有肥料的土壤（高质量）而不会选择不含有肥料的土壤（低质量）来种植农作物。同样的道理，人们也会开采含量5%的铜，而非1%；开采位于1000英尺深的石油，而非10000英尺；人类也会在离锯木厂近的地方收获木材而不是远离锯木厂的地方。随着高质量资源的耗竭，低质量的资源开始使用。

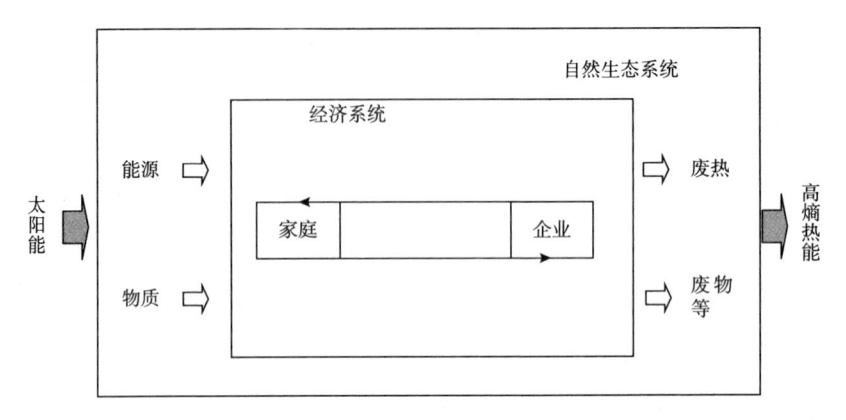

图 8-3　处于开放系统的经济学模型

高质量资源与低质量资源相比，需要较少的努力就可得到，因此根据这一原理，资源耗竭使得资源越来越难采。资源在质量上的不同通过机会成本影响了经济。机会成本就是那些不能被生产出来的商品和服务，因为能源用于生产各种替代商品和服务。例如，用于砍伐木材或开采铜矿的能源无法用于加热房屋。高质量资源与低质量资源相比，有较低的机会成本。使用含量1%的矿石比用0.1%的矿石能留给经济系统更多的能源来生产其他的商品和服务。同理，在由深层向浅层过渡（Upwelling Zones）的区域捕鱼要比在开放式的海洋地带捕鱼能留下更多的能源生产其他的商品和服务。许多渔夫的行为体现了相同的开发模式。高质量的鱼集中在深层向浅层过渡的区域。这些区域首先成为开发的对象，也经常存在过度开采的问题。随着鱼密度的下降，渔夫必须付出更多的努力（Effort），如航行到更远的地方，但只能取得相同数量的鱼[39]。

（五）最大功率原则（Maximum Power Principle）

最大功率原则指系统的自我组织过程或结构的自我设计通常

会朝向引入更多能量和更有效地使用能量的方向发展。任何一个开放系统的进化策略都是在维持其上层母系统生存的前提下使本系统能得到的有用能流最大化,自然选择倾向于选择那些能产生最大有用功率的系统。自然界、人类社会或经济的能量系统还遵循最大功率原则。系统为保持不断运转而不被竞争者淘汰必须自系统外输入更多可利用的能量,同时系统本身必须反馈所储存的高质量能量,强化系统外界环境,使系统内部与外部互利共生,以获取更多的能量,自己与周围的有关系统在能量转换过程中,均能获得最大功率和最优价值的能量。例如,城市消费系统除本身需反馈所储存的能量以增强其利用来自生产者(如提供食物和工业原料的农村系统)的能量的能力外,还要反馈部分能量给生产者系统(农村系统),辅助和促进生产者系统的发展,以确保生产者持续不断地为消费者提供能量,使两者(城市系统和农村系统)运转具最大功率。人类有意地反馈工作,目的就是使实体经济系统能最有效地运转。

三 定义

传统经济学模型以公司和家庭为主体说明两者之间的无限循环,但是热力学第一定律和第二定律的普遍适用性说明经济活动应当处于自然界的开放系统中,存在能量与物质的交换,既依赖能源资源和其他资源的投入,又向其排放废弃物。在此基础上,能源生产边界应当理解为来自自然界吸取太阳能而形成的化石能源量和经济系统提供的资本劳动力共同"流入"能源生产过程中,形成的能源量"流出"至经济活动。由于经济产物需要有一部分返回能源生产过程中,实际上经济系统所能够利用的能源量是能源生产边界下提供的"净能源"。化石能源和经济活动的具体关系[40]如图8-4所示。

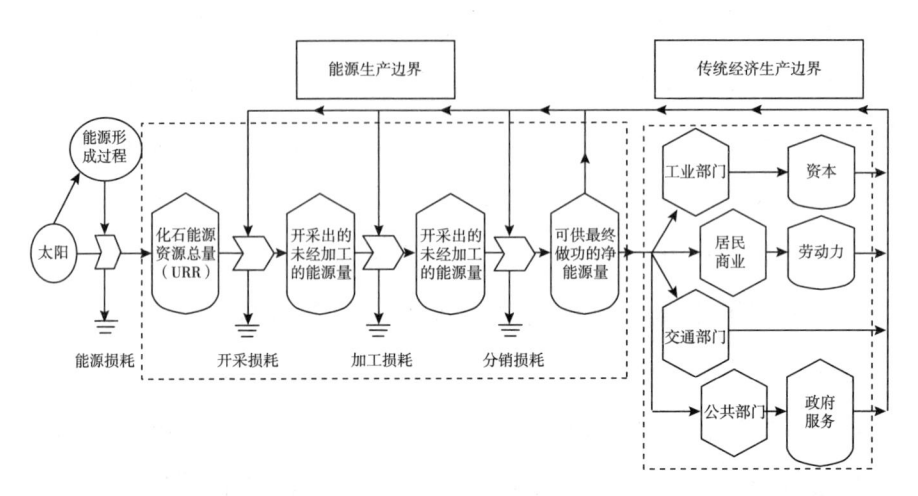

图8-4 化石能源生产和经济活动关系

生物物理经济学旨在阐明经济生产在一定的时间和空间内与自然资源的存量、流量之间的关系,强调自然资源(尤其是能源)对经济的支撑与限制作用。其中,"Biophysical"(生物物理)指时常伴随物理、化学、生物、水文、气象等一系列过程的物质世界。从生物物理经济学角度理解经济生产,即将杂乱无规则的高熵物质转变成具有高度规则结构的低熵物质(如商品和信息)的过程。

图8-5描述了经济学真实的运行过程,是生物物理经济学的概念模型。图8-5说明,自然能源(如太阳能)驱动地质的、生物的和化学的循环,这种循环产生了自然资源(如化石能源)和公共服务。开采部分利用经济的作用开发生产自然资源并将其转化为原材料。原材料用于制造部门和其他中间部门生产终端商品和服务。这些商品和服务由商业部门运送到终端消费部门,最后

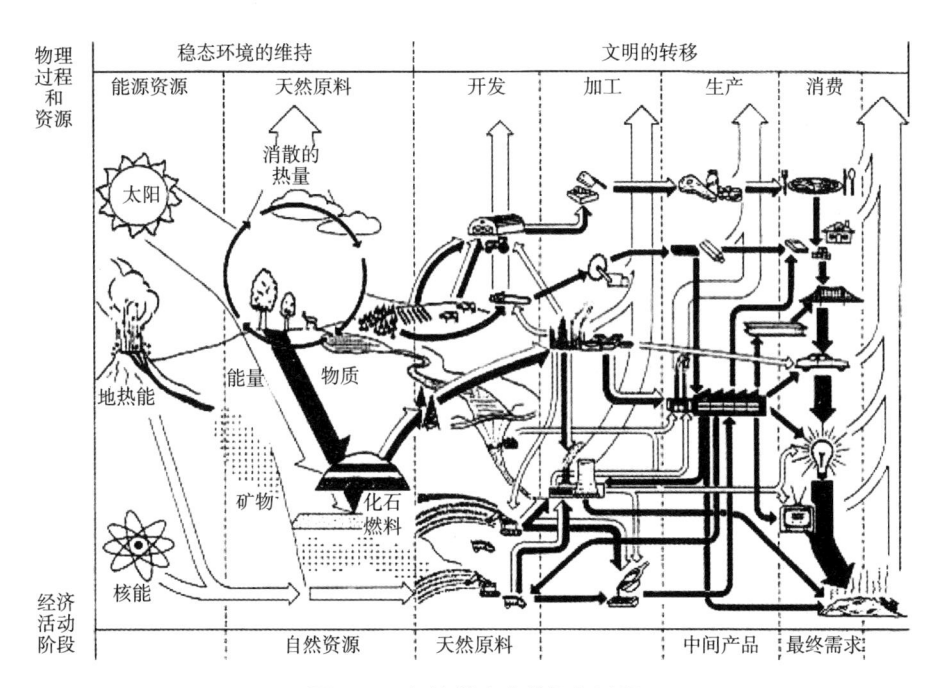

图 8-5　经济学真实的运行过程

无法循环的原材料和废热作为垃圾返回自然中。

与传统经济学比较，系统内的物质能量流动存在差别。传统经济学模型着眼于家庭与市场之间的货币流动：投资者家庭通过财务体系将货币投入市场，工人家庭通过消费将货币投入市场；市场产生的销售税流入政府机构；市场支出流入企业，政府支出流入企业，企业通过再投资实现利润自我循环；企业所得税流入政府；净收入流入市场；政府通过福利支出使货币流入市场；工人家庭从市场中获得工资/薪水和福利；投资者家庭从市场中获得红利（见图 8-6）。

生物物理经济学模型在考虑货币流的基础上，分析能量流，两者共同反映经济活动和能源活动过程，它将物质、能源、货币充分联系在一起（见图 8-7）。

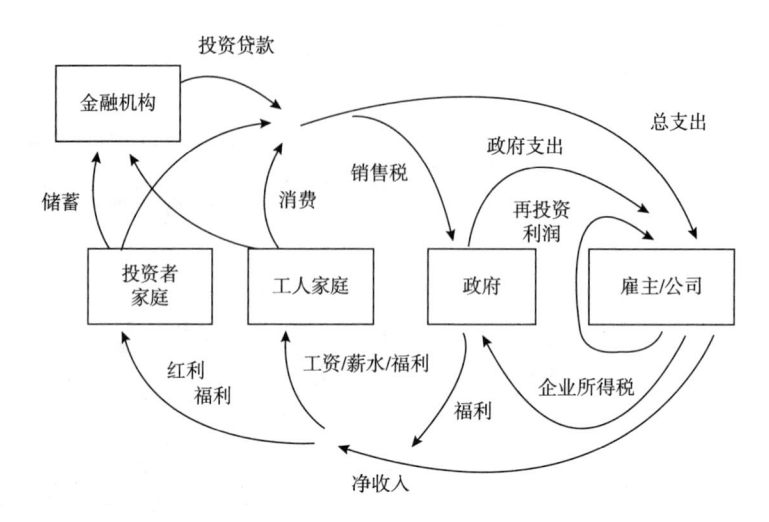

图 8-6　传统经济学的货币流循环过程

资料来源：Common（1996）。

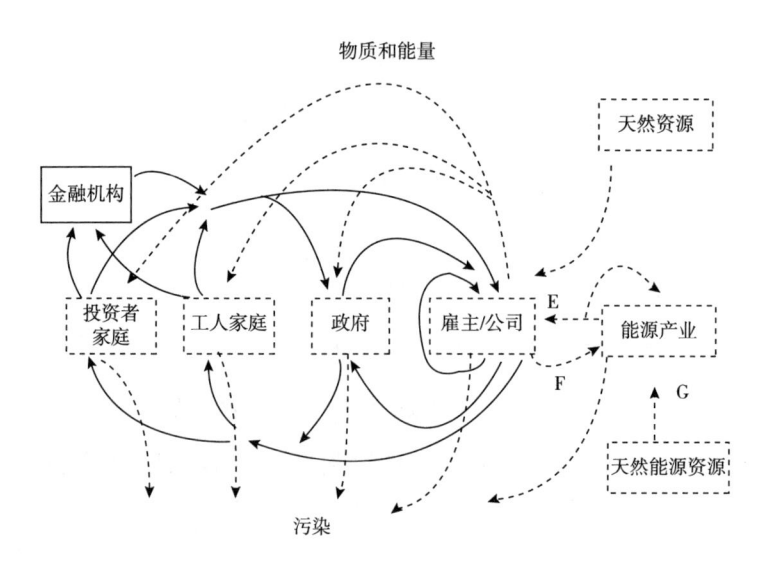

图 8-7　生物物理经济学模型中的货币流和能量流循环过程

资料来源：Common（1996）。

四 主要理论

（一）自然资源是有限的，化石能源生产存在最大值

热力学与自然资源的有限性存在密切的联系。如果能量转化过程的效率是100%，一块煤所含的能量就可以永远存在。但是，物质转化需要做功、需要能量。因为接受太阳能的速率是一定的，因此依此基础进行的做功是有限的，在人类大多数历史时期，人口数量和物质消费水平就受到这样的限制。开采化石燃料不受这种限制，但是化石燃料是以往接受太阳能的积累、最初转化成生命组织并在地质作用中储存下来的物质。也就是说，化石能源的开采生产速度超过了其形成速度，那么可以说化石燃料的存量是有限的，随着消费量的不断攀升，其生产为了满足这样的需求，也就必然会经历一个不断上升，随后又由于资源有限性而无法再上升的阶段，其产量必然存在最大值或一段时间的平台期。

当然，也有研究者提出非常规石油和天然气或者新能源会满足未来的能源需求，特别是加拿大的油砂和委内瑞拉的重油等。但是，应当意识到常规石油（如原油、凝析油和NGLs）的产量占当前全球液体石油总产量的97%以上，即使到2030年，这一比例也仍将保持在90%左右[41]。实际上，非常规石油对全球石油产量的贡献仍然十分有限。虽然非常规气的资源量远大于常规天然气资源，但是其开采技术、环境和经济条件的限制使得非常规气在短期内也不能取代常规天然气成为主导能源。总之，缺乏与化石燃料相似质量的能源，以核聚变替代的话，人类社会可能回到工业革命以前的阶段，那么人类就需要完全依靠太阳辐射和其他能源。

（二）化石能源品质（质量）随着经济活动而逐渐降低

本书将经济活动过程视作整个生态环境系统中的一部分，能源进入系统经过利用后再流出该系统。能源在该系统中会经历两种转化过程，即燃烧发热和能源形式的转换（如煤燃烧推动发动机，产生的电能经电风扇转化成风能），这两种过程对于能源来讲都是不可逆的过程。处于经济系统中的能源，在衡量其质量的时候往往就用市场因素来衡量，如价格、便利性、适用性等。但是，物理因素最能体现化石能源自身的性质，这里用熵和㶲衡量能源质量的变化。

熵值用于衡量物质（包括能源）结构的不规则性，不规则性越强，熵值越大，能源所含能量越低。能源经过一系列的经济过程转化为结构更加规则的商品和服务，经过时间的推移，商品和服务逐渐变质并最终耗散。在这种过程中，任何系统使熵减少的过程是不可能发生的，不可逆过程都要使系统的熵增加。最终，化石能源的质量从最原始的自然状态上升到规则的商品继而又不可逆转地耗散掉，经历先上升后下降的过程。

㶲指能量具有的最大做功能力，又称有效能和可用能，也就是说能量可以分为两个部分，其中一部分可以转化为功，另一部分不能转化为功。有效能和可用能的比值衡量了能源质量，称为能质系数或能级。其中，电能的能级最高，比值达到1。但是，化石能源转化为电能的过程也是不可逆的，利用后的电能同样以不同形式（如热能、风能）耗散出去。因此，能源质量也是经历了先上升后下降的过程。总之，由于不可避免的熵的增加或者㶲的增加，能源有价值的部分转换成没用的热和废物排到自然中，由此造成的结果就是具有高质量化石能源的耗竭。

（三）自然资源（尤指能源）是经济活动产生的根本原因，不仅仅是劳动力与资本要素

经济学是否与其他学科进行交叉研究至关重要，因为经济学决策关系到并影响着农业、渔业、环境和居民生活。自然科学家、生态学家等在经济问题上与经济学家的看法不同，由于任何一个领域的分析都是整个系统的一部分，所以不能将经济活动孤立起来。新古典主义经济学将经济活动集中在价值分析、经济部门的活动和市场的有效性上，而这些问题都是社会科学的一部分。但是，用于在市场中分配的财富是由物质世界创造出来的，它们遵循物理、化学、生态的基本原理和原则。在工业经济环境下，资本存量包括所有由能源转化而成的设备、装置、建筑物等。其中，这些核心的组成部分是热动力机和转换机等，这些都需要能源和人工来驱动。能源为工业化国家的居民平均提供的服务相当于 10～30 个劳动力劳动所产生的服务，此时称能源为"能源奴隶"。换句话说，人类劳动力由食物提供动力，这一劳动力可以由能源驱动的自动化机器所替代。1995 年，人均一次能源消费量在德国达到 133 千瓦时，在美国达到 270 千瓦时，两者分别相当于人均 44 个和 90 个"能源奴隶"所产生的服务。大量的"能源奴隶"创造了社会财富。因此，需要将能源的作用凸显出来并体现在生产函数中，本书称为"能源的外在化"。为了描述能源量在经济中的重要作用，生物物理经济学的研究者提供了一种分析经济增长模型[42]。这些分析解释了为什么有一部分产出没有办法解释。

能源外在化的一种简便方法就是将能源放入生产函数中，将

能源要素加入到柯布－道格拉斯生产函数中，得到 $Q = K^{\alpha}L^{\beta}E^{1-\alpha-\beta}$。其中，增加值代表产出，用 Q 表示；资本用 K 表示；劳动力用 L 表示；能源用 E 表示。原材料虽然重要，但是并没有对增加值的形成做出贡献，其货币价值并没有算进增加值中去。增加值 Q 和资本 K 都需要经过通货膨胀调整，E 用焦耳表示，劳动力用每年的劳动小时数代替。

（四）经济增长中的生产要素应当包括能源

经济增长是指社会财富的增长、生产的增长或产出的增长。它表现为货币形式的总产值、国民生产总值、国民收入的增加，或者人均产量的增长。经济增长是经济发展的基础，影响一个国家或地区的综合实力。因此，有必要对影响经济产出的因素进行分析，为制定政策、计划提供参考。以往经济学理论对生产要素的研究只是强调劳动力、资本、技术，并没有强调能源的作用。1974 年，诺贝尔经济学奖获得者 Robert M. Solow 认为世界可以不依赖自然资源而存在，因为技术能够开发化石能源的替代能源。最近，Solow 改变了观点，他认为生产的本质就是自然资源的使用。从生产的本质来理解的话，化石能源和其他能源支撑着劳动力的持续，能源和劳动力又共同生产并使用资源要素，同时创造出技术，所以生产过程应当是能源、劳动力、资本、技术共同的作用，将自然资源不断加工升级成商品和服务。也就是说，经济生产就是将杂乱无规则的高熵物质转变成具有高度规则结构的低熵物质（如商品和信息）的过程，此过程产生的增加值，从生物物理经济学角度来讲就是增加秩序。对经济生产的这种理解充分符合热力学第一定律和第二定律，而新古典主义经济模型由于没有说明在经济活动外的投入与产出问题，就很难在经济决策中很好地衡量污染、资源短缺、资源耗竭以及失业率等问题。

（五）经济增长发生在低油价和能源消费增加的时期

本书前面论述了能源消费和经济增长之间的关系，说明了能源消费尤其是石油消费是经济增长的最重要因素。与经济增长相反的过程是经济衰退。经济衰退最早由美国经济研究委员会所定义出来，表现为在整个经济体中，持续时间超过几个月，并伴随着明显的经济活动的降低（如实际 GDP、实际收入、雇用率、工业产出和批发零售额）。1970~2008 年，美国境内有 5 次经济衰退，从能源角度观察这一现象发现：在经济扩张时期，石油消费增加、石油价格降低；经济衰退时期，石油消费降低、石油价格上升。

但是，长期以来，新古典主义经济学家很少用能源消费量来解释经济增长。例如，Knoop[43]认为 1973 年的经济衰退是由高油价、高失业率和通货膨胀因素引起的，忽略了石油消费在当年就降低了 4% 的事实。后来，Knoop 将 1975 年的经济增长解释为石油价格和通货膨胀的降低以及货币供应的增加，这些因素确实是经济增长的原因，但是这一研究仍然忽略了能源价格降低引起石油消费增加，进而引起物理经济产出增加这一事实。因此，本书认为高油价和低能源消费共同构成了经济衰退的主要原因。对应的，经济增长是由石油价格降低以及相伴随的能源供应的增加引起的。总结来看，经济增长与石油价格、能源消费之间的关系比较简单，即能源价格上升引起低需求，低石油价格引起高需求，进而带来经济增长。但是，本书发现还可以用另一现象解释，即当能源价格上升时，本来用于增加 GDP 支出的部分（大部分是任意消费，

Discretionary Consumption）都用于支付昂贵的能源。图 8-8 显示了年均中国经济变动率与化石能源消费量年均变动率之间的关系。

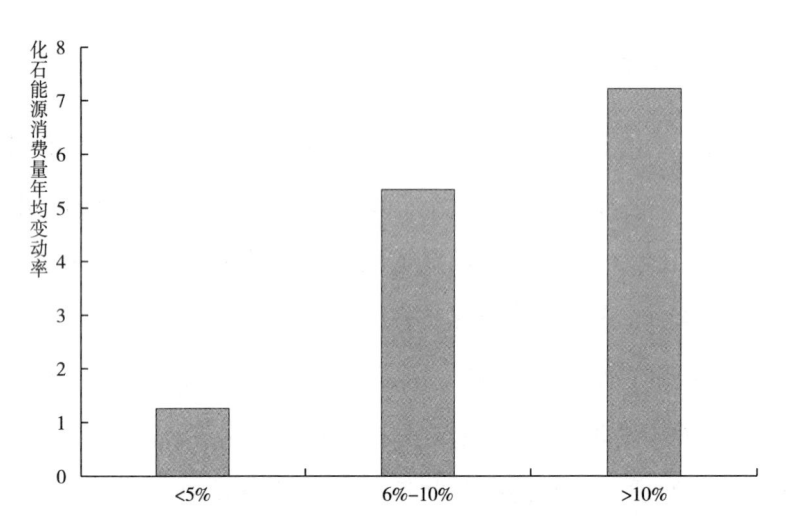

图 8-8　年均中国经济变动率与化石能源消费量年均变动率之间的关系

（六）价格失去市场导向作用，石油价格上升，再不能引起石油产量上升

从理论上讲，高油价会促使石油公司加大上游勘探活动力度，带来产能扩张，增加产量，同时还能抑制需求的作用，进而使油价从高位均衡转向低位均衡，这是很多经济学家利用传统经济学甚至是新古典主义经济学而得出的论断。国际研究机构 IEA 也据此预测：2003 年以来油价的高涨，使得上游投资增加，引起供应增加，导致油价下跌[44,45]。但是，从历史数据来看，直到 2008 年金融危机爆发以前，油价一直保持增长，但世界石油产量和中国的石油产量并没有明显的增长。图 8-9 显示了国际原油价格与中国原油产量的关系。

这种现象非常突出的两个时间段为：1978~1979 年，世界石油产量年均增速仅为 4%，中国同时间段的年均增速仅为 2%，而

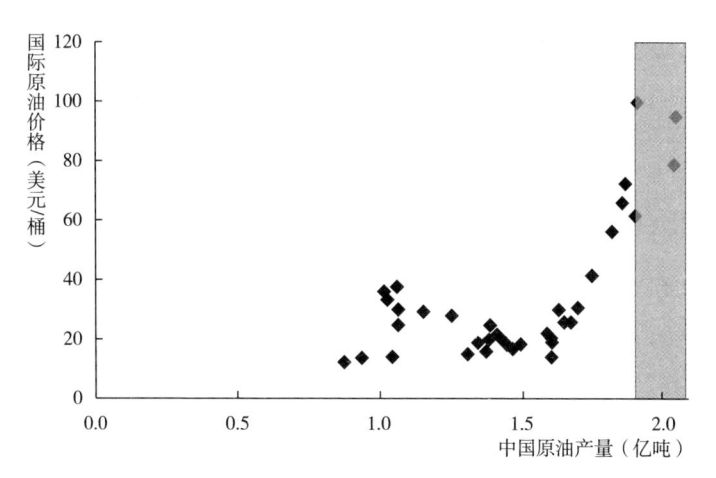

图 8-9　国际原油价格与中国原油产量关系

资料来源：BP（2012）。

国际原油价格的年均增速却达到了72%；前两者产量增速分别仅为1%和2%，而油价却达到了21%。图 8-10 是国际原油价格、世界石油产量和中国石油产量示意图。

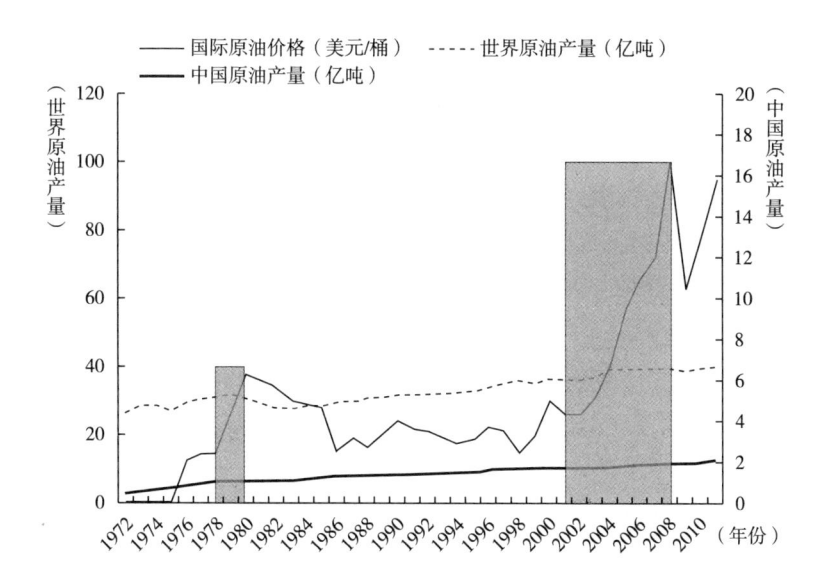

图 8-10　国际原油价格、世界石油产量和中国石油产量

资料来源：BP（2012）。

五　模型建立步骤

(一) 确立研究目标——主要表现为经济目标

目前，生物物理经济学最主要的目标一般是对某一国家或地区的某一方面或者整体情况进行生物物理评价。在评价之前，需要明确评价目标，重点突出，另外还需要明确与主要目标相关的次级目标，它来源于曾拟定的目标，并检验其完成情况。例如，总体目标为模拟土地使用、经济发展、食物安全保障的未来发展情况，以及受人口、环境退化、政策、气候变化等因素的影响情况。

由于生物物理经济学的思想最初来源于生态学领域，所以任何生态学问题都适用于这里所涉及的建模步骤。随着生物物理经济学的发展，研究目标更加倾向于经济学领域，例如，评价某一国家或地区的经济现状及其历史变动情况。因此，以下的建模步骤均适用于经济目标。

(二) 建立数据库——分为"主要"和"次要"

确立目标后，应当建立准确、适当的数据库，筛选出能够决定某一国家或者地区物理特点的"主要数据"如能源资源（包括石油、天然气和煤炭）进行分析。

①做出历史趋势图。

②评价未来能够获得这些资源的可能性。

③明确自然资源的基本规律，即易开采的优质资源首先被利用。随着开采时间的推进和开采程度的加深，将需要更多的能源和资金。

④建立与"主要数据"相关的次要数据库,如非矿物燃料(包括金属矿石、水资源、土地资源等)。

(三)评价经济指标的执行效果——围绕经济目标展开历史趋势分析

在建立了"主要"和"次要"数据库的基础上,围绕主要研究目标建立经济活动评价指标(体系)并分析其历史趋势及其原因。

①修正 GDP,即分析其历史变动情况。
②人均 GDP,即分析 GDP 如何影响人均购买能力。
③基尼系数,即分析收入平均问题。
④国际负债,即一个国家可持续发展或者经济运行的重要问题。
⑤进口、出口及平衡状况等。

(四)测算经济活动对主要自然资源的需求量——对经济目标实施的投入绝对量及相对量(产出/投入)

这是建模的重要步骤,测算促使经济发展运行所需要的生物物理资源量以及相关信息,可以以指标的形式分析,如能源强度、经济效率、单位资源(如能源、水资源)GNP、单位能源使用或者单位化肥使用的农业产量、单位贸易(出口或进口)的 GNP,能源生产的 EROI 值等。

(五)形成可实现的仿真模拟——影响分析及未来预测

对经济评价指标进行了历史趋势分析后,需要分析出这些指标或者相应的影响因素是怎样影响主要目标的，或者说，影响因素与主要指标之间的关系如何，进而建立仿真模型，分析未来可能的变动趋势。模拟过程中应注意以下要点。

①列出经济活动的物质需求（货币形式或能源形式）。

②能源强度在不同经济下体现出的差异。

③经济扩张建立在石油等化石能源的基础上，充分重视这种资源。

④油价的变动。

⑤土地资源的可得性。

⑥EROI 变动情况。

⑦土地对净经济产出的预测等。

（六）政策措施

最后一步是总结生物物理的基本情况、未来可能性、对经济活动限制的主要因素，并给出突破限制的发展方案或替代方案。

参考文献

［1］关春玉：《重商主义的分析研究及新重商主义的弊端分析》，《天津市财贸管理干部学院学报》2008 年第 3 期。

［2］于敏：《古典重农主义对现代"三农"问题的启示》，《农村经济》2005 年第 7 期。

［3］朱富强：《从政治经济学到经济学的演化逻辑及其问题——政治经济学概念及其内涵之考辨》，《改革与战略》2009 年第 8 期。

［4］裴鸿池：《新古典主义经济学概要介析》，《辽宁大学学报》1996 年第 3 期。

［5］Cleveland, C. J., Costanza, R., Hall, C. A. S., Kaufmann, R. K., "Energy and the US Economy: A Biophysical Perspective," *Science*, 225: 890 – 897.

[6] Daly, H. E. , ed, *Toward a Steady – State Economy*. San Francisco: W. H. Freeman, 1973.

[7] Hall, C. A. S. , *Quantifying Sustainable Development: The Future of Tropical Economies*. San Diego (CA): Academic Press, 2000.

[8] Leontief, W. , "Academic Economics," *Science*, 217: 104 – 107.

[9] Smith, A. , "An Inquiry into the Nature and Causes of the Wealth of Nations," 5th ed. New York: Modern Library.

[10] Ayres, R. U. , "Limits to the Growth Paradigm," *Ecological Economics*, 19: 117 – 134.

[11] Boulding, K. E. , The Economics of the Coming Spaceship Earth. In Jarrett H, ed. Environmental Quality in a Growing Economy. Washington (DC): Resources for the Future, 1966.

[12] Soddy, E. , *Wealth, Virtual Wealth and Debt*. New York: E. P. Dutton, 1926.

[13] Georgescu – Roegen, N. , "Energy and Economic Myths," *Southern Economic Journal*, 1975, 41: 347 – 381.

[14] Daly, H. , Steady – State Economics. W. H. Freeman, San Francisco, 1977.

[15] Cleveland, C. , Costanza, R. , Hall, C. , Kaufmann, R. , "Energy and the U. S. Economy: a Biophysical Perspective. " *Science*, 1984, 225: 890 – 897.

[16] Hall, C. , Cleveland, C. , Kaufmann, R. , "Energy and Resource Quality: The Ecology of the Economic Process," *Wiley Interscience*, New York, 1986.

[17] Hall, C. , Lindenberger, D. , Kummel, R. , Kroeger, T. , Eichhorn, W. , "The Need to Reintegrate the Natural Sciences with Economics," *BioScience*, 2001, 51: 663 – 673. Kummel R. , J. Henn, D. Lindenberger, Capital, Labor, Energy and Creativity: Modeling. Structural Change and Economic Dy-

namics, 2002, 3, 415 – 433.

[18] Wilson, E., Consilience: The Unity of Knowledge. Alfred Knopf, New York, 1998.

[19] Denison, E. F., Estimates of Productivity Change by Industry, an Evaluation and an Alternative. The Brookings Institution, Washington, DC, 1989.

[20] Hall, C., Lindenberger, D., Kummel, R., Kroeger, T., Eichhorn, W., "The Need to Reintegrate the Natural Sciences with Economics," *Bio Science*, 2001, 51: 663 – 673. Also: Kummel R., J. Henn, D. Lindenberger, Capital, Labor, Energy and Creativity: Modeling. Structural Change and Economic Dynamics, 2002, 3, 415 – 433

[21] Ayres, R., Warr, D., "Accounting for Growth: the Role of Physical Work," *Change and Economic Dynamics*, 2005, 16: 211 – 220.

[22] Gintis, H., "Beyond Homo Economicus: Evidence from Experimental Economic," *Ecological Economics*, 2000, 35: 311 – 322.

[23] Camerer, C., Loewenstein, G., Behavioral Economics: Past Present and Future. In: Camerer, C, Leowenstein, G. and Rabin, M (Editors), Advances in behavioral Economics. Princeton U. Press, Princeton, NJ and Oxford UK, 2004, pp. 3 – 52.

[24] Henrich, J. et al., "Cooperation Reciprocity and Punishment in Fifteen Small – scale Societies," *American Economics Review*, 2001, 91: 73 – 78.

[25] http://www.youtube.com/watch? v = u6XAPnuFjJc.

[26] Arkerman, F., Heinzerling, L., *Priceless: On Knowing the Price of Everything and the Value of Nothing*. The New Press, New York and London, 2004.

[27] Frey, B., Stutzer, A., *Happiness and Economics: How the Economy and Institutions Affect Well – being*, Princeton University Press, Princeton, NJ, 2002.

[28] Frey, B., Stutzer, A., *Happiness and Economics: How the Economy and Institutions Affect Well*, Princeton University Press, Princeton, NJ, 2002.

[29] Diener, E. S., Diener, M., and Diener, C., "Factors Predicting the Well-being of Nations," *Journal of Social Psychology*, 1995, 69: 851 – 864.

[30] Brickman, P., Coates, D., and Janoff-Bulman, R., "Lottery Winners and Accident Victims: Is Happiness Relative?" *Journal of Personality and Social Psychology*, 1978, 36: 917 – 927.

[31] Blanchflower, D., Oswald, D., "Well-being Over Time in Britain and the U. S. A." NBER Working Paper No. 7481, National Bureau of Economic Analysis. Cambridge, MA, 2000.

[32] Lane, R., *The Loss of Happiness in Market Economies*. Yale University Press, New Haven and London, 2000.

[33] Meyers, D., "The Funds, Friends, and Faith of Happy People," *American Psychologist*, 2000, 55: 56 – 76.

[34] McCauley, J. L., C. M. Kuffner, "Economic System Dynamics," *Discrete Dynamics in Nature and Society*, 2004, 1: 213 – 220.

[35] Leontief, W., "Academic Economics," *Science*, 1982, 217: 104.

[36] Mirowski, P., *More Heat Than Light*. Cambridge: Cambridge University Press, 1989.

[37] Leontief, W. W., "Academic Economics," *Science*, 1982, 217: 104 – 107.

[38] Benoit Mandelbrot, Richard L. Hudson, *The (Mis) Behavior of Markets: A Fractal View of Financial Turbulence*. Boston, Mass: Harvard Busniess School Press, 2006.

[39] http://www.eoearth.org/article/Natural_resource_quality.

[40] Hall, C. A., Cleveland, C. J., Kaufman, R. *Energy and Resource Quality: The Ecology of the Economic Process*. John Wiley & Sons. 1986.

[41] EIA, Long Term World oil Supply, 2000/7/28, www.netl.doe.gov/energy-analyses/pubs/LongTermOilSupplyPresentation.pdf.

[42] Kummel, R., Lindenberger, D., Eichhorn, W., "The Productive Power of

Energy and Economic Evolution," *Indian Journal of Applied Economics* 8 (*Special Issue in Honour of Paul A. Samuelson*): 231 – 262, 2000.

[43] Knoop, T. A., Recessions and Depressions: Understanding Business Cycles. Praeger, Santa Barbara, 2010.

[44] IEA, World Energy Outlook 2005, 2005/11/11, www. iea. org.

[45] IEA, World Energy Outlook 2006, 2006/11/18, www. iea. org.

图书在版编目(CIP)数据

能源回报理论与方法/胡燕等著 .—北京：社会科学文献出版社，2015.1
 ISBN 978－7－5097－5154－1

Ⅰ.①能… Ⅱ.①胡… Ⅲ.①能源经济－研究－中国 Ⅳ.①F426.2

中国版本图书馆 CIP 数据核字（2014）第 262322 号

能源回报理论与方法

著　　者 / 胡　燕　冯连勇　李　锐　齐　超

出 版 人 / 谢寿光
项目统筹 / 恽　薇
责任编辑 / 林　尧　杨丽霞

出　　版 / 社会科学文献出版社·经济与管理出版分社（010）59367226
　　　　　　地址：北京市北三环中路甲 29 号院华龙大厦　邮编：100029
　　　　　　网址：www.ssap.com.cn
发　　行 / 市场营销中心（010）59367081　59367090
　　　　　　读者服务中心（010）59367028
印　　装 / 三河市尚艺印装有限公司
规　　格 / 开本：787mm × 1092mm　1/16
　　　　　　印张：12.5　字数：144 千字
版　　次 / 2015 年 1 月第 1 版　2015 年 1 月第 1 次印刷
书　　号 / ISBN 978－7－5097－5154－1
定　　价 / 59.00 元

本书如有破损、缺页、装订错误，请与本社读者服务中心联系更换

版权所有 翻印必究